Heide Stiebeler
Frauke van der Werff

Fit fürs Goethe-Zertifikat B2

Deutschprüfung für Erwachsene

Übungsbuch mit Audios online
Deutsch als Fremdsprache

Hueber Verlag

Quellenverzeichnis

S. 12: © PantherMedia/Verena Scholze **S. 14:** © Thinkstock/iStock/jacoblund **S. 18:** © Thinkstock/iStock/marilyna **S. 20:** © Getty Images/iStock Editorial/flavijus **S. 22:** © Getty Images/E+/clu **S. 25:** von oben: © Thinkstock/iStock/ajr_images; © Thinkstock/iStock/Ridofranz; © Thinkstock/iStock/ajr_images **S. 27:** © Thinkstock/iStock/Viktor_Gladkov **S. 29:** © Getty Images/E+/alvarez **S. 30:** von oben: © Thinkstock/iStock/Wavebreakmedia; © Getty Images/E+/andresr; © Thinkstock/iStock/DragonImages **S. 31:** von oben: © Thinkstock/iStock/Ridofranz; © Thinkstock/iStock/Comeback Images; © Getty Images/E+/wundervisuals; © Getty Images/E+/FatCamera **S. 32:** © Getty Images/iStock/MangoStar_Studio **S. 33:** © Getty Images/E+/RelaxFoto.de **S. 34:** © Getty Images/E+/shapecharge **S. 36:** © Getty Images/E+/simonkr **S. 45:** von oben © Getty Images/E+/Vertigo3d; © Getty Images/iStock/Ridofranz; © iStockphoto/AVAVA; © Getty Images/iStock/AntonioGuillern **S. 46:** © Getty Images/iStock/Bobex-73 **S. 48:** © Getty Images/iStock/bowdenimages **S. 58:** von links: © Thinkstock/Wavebreak Media; © irisblende.de; © iStock/Daniel Laflor **S. 60:** von links: © Getty Images/E+/hasuorium; © Getty Images/iStock/Phaelnogueira; © MEV/Hesselmann Herbert F.; © Iakov Filimonov – stock.adobe.com **S. 62:** © Getty Images/iStock/absolutely_frenchy **S. 69:** von links: © Getty Images/E+/Nicola Katie; © Thinkstock/iStock/Jacob Wackerhausen; © Getty Images/iStock/Wavebreakmedia **S. 70:** von links: © Thinkstock/iStock/monkeybusinessimages; © fotolia/marcfoto design; © PantherMedia/Mirko Kujas **S. 76:** von links: © Thinkstock/iStock/AntonioDiaz; © Thinkstock/iStock/lenanet; © contrast-werkstatt – stock.adobe.com **S. 80:** © Getty Images/iStock/gipi23 **S. 81:** © Thinkstock/Stock&monkeybusinessimages **S. 88:** © Getty Images/iStock/miriam-doerr **S. 90:** © iStockphoto/Madzia71 **S. 92:** © iStock/izusek **S. 93:** © Photographee.eu – stock.adobe.com **S. 95:** © Matthias Buehner – stock.adobe.com **S. 97:** A © Thinkstock/iStock/LightFieldStudios; B © Getty Images/E+/Mikolette **S. 98:** © Thinkstock/iStock/Rawpixel **S. 100:** A © Thinkstock/iStock/adeev007; B © Getty Images/E+/danchooalex; Mitte © Getty Images/E+/wundervisuals; C © Getty Images/E+/RoBoDeRo; D © Thinkstock/iStock/iggyLee **S. 112:** © Getty Images/E+/kali9 **S. 115:** von links: © Thinkstock/iStock/lisafx; © MaxWo – stock.adobe.com **S. 117:** von links: © Kzenon – stock.adobe.com; © Thinkstock/iStock/Stadtratte **S. 120:** von links: ©Getty Images/E+/kate_sept2004; © Getty Images/E+/Shania

Bildredaktion: Nina Metzger, Hueber Verlag München
Den **kommentierten Lösungsschlüssel** und die **Audio-Dateien** für die **Prüfung Hören** finden Sie unter: www.hueber.de/pruefungen
Sprecher: Nils Dienemann, Stefanie Dischinger, Walter von Hauff, Anke Kortemeier, Patrick Rocher, Angelika Utto
Hörproduktion: Tonstudio Langer, 85375 Neufahrn bei Freising, Deutschland

3. 2. 1. | Die letzten Ziffern
2023 22 21 20 19 | bezeichnen Zahl und Jahr des Druckes.
Alle Drucke dieser Auflage können, da unverändert, nebeneinander benutzt werden.
1. Auflage

Umschlaggestaltung: Sieveking · Agentur für Kommunikation, München
Layout und Satz: Sieveking · Agentur für Kommunikation, München
Verlagsredaktion: Andreas Tomaszewski, Hueber Verlag, München
Druck und Bindung: Firmengruppe APPL, aprinta druck GmbH, Wemding
Printed in Germany
ISBN 978-3-19-041873-2

Art. 530_25822_001_01

Inhaltsverzeichnis

Allgemeine Hinweise

Die vier Prüfungen im Überblick

Auf der Niveaustufe B2 können Sie vier Prüfungen ablegen

- **Lesen**
- **Hören**
- **Schreiben**
- **Sprechen**

Sie können die Prüfungen zusammen oder einzeln ablegen.
Die Prüfungen werden unabhängig voneinander bewertet.
In jeder Prüfung müssen Sie 60 % der Punkte erreichen.

	Teil		**Punkte**	**Minuten**
Goethe-Zertifikat B2 Lesen	 1 2 3 4 5	 Statements zu einem Thema Reportage Artikel (aus einer Zeitung) Kurzkommentare Vorschriften (Kaufvertrag o. ä.)	insgesamt 100 (30 Aufgaben x 3,333 Punkte)	insgesamt 65 18* 12* 12* 12* 6* plus 3 Minuten für den Antwortbogen
Goethe-Zertifikat B2 Hören	1 2 3 4	Alltagsgespräche, Mitteilungen Radiointerview Gespräch im Radio Vortrag	insgesamt 100 (30 Aufgaben x 3,333 Punkte)	insgesamt ca. 40 plus 5 Minuten für den Antwortbogen
Goethe-Zertifikat B2 Schreiben	1 2	Diskussionsbeitrag Formelle E-Mail	60 40 insgesamt 100	insgesamt 75
Goethe-Zertifikat B2 Sprechen	1 2	Vortrag (Präsentation) Über ein Thema sprechen (Interaktion)	insgesamt 100	pro Teilnehmer / -in 4 für zwei Teilnehmende 5

*Diese Minutenangaben dienen für Sie zur Orientierung: Länger sollten Sie für den jeweiligen Teil nicht brauchen, sonst kommen Sie am Ende in Zeitnot und schaffen nicht alle Aufgaben.

Die vier Prüfungen: Kurzbeschreibung

Goethe-Zertifikat B2 Lesen

Die Prüfung dauert circa 65 Minuten. In dieser Prüfung lesen Sie 15 verschiedene Texte in unterschiedlicher Länge und lösen dazu 30 Aufgaben. Bei jeder Aufgabe müssen Sie etwas ankreuzen. Es gibt immer nur eine richtige Lösung.

Sie haben die Prüfung bestanden, wenn Sie mindestens 18 Aufgaben (60 Prozent) richtig gelöst haben. Damit haben Sie die notwendige Mindestpunktzahl von 60 Punkten.

Goethe-Zertifikat B2 Hören

Die Prüfung dauert circa 40 Minuten. In dieser Prüfung hören Sie 9 verschiedene Texte in unterschiedlicher Länge und lösen dazu 30 Aufgaben. Bei jeder Aufgabe müssen Sie etwas ankreuzen. Es gibt immer nur eine richtige Lösung.

Sie haben die Prüfung bestanden, wenn Sie mindestens 18 Aufgaben (60 Prozent) richtig gelöst haben. Damit haben Sie die notwendige Mindestpunktzahl von 60 Punkten.

Goethe-Zertifikat B2 Schreiben

Die Prüfung dauert 75 Minuten. In dieser Prüfung schreiben Sie 2 verschiedene Texte.
Einen Diskussionsbeitrag (mindestens 150 Wörter) für ein Internetforum und eine formelle E-Mail (mindestens 100 Wörter).

Die Prüfenden bewerten Ihre Leistung nach einem festgelegten Bewertungssystem.
Die Bewertungskriterien sind:

- Wie gut und vollständig erfüllen Sie die einzelnen Aufgabenstellungen?
- Wie gut passt Ihr Text zur jeweiligen Situation und zum Kommunikationspartner?
- Wie gut ist Ihr Text aufgebaut und wie gut sind die einzelnen Teile miteinander verbunden?
- Wie gut ist Ihr Wortschatz?
- Wie gut beherrschen Sie die grammatischen Strukturen?

Sie haben die Prüfung bestanden, wenn Sie 60 Punkte (60 Prozent) erreichen.

Goethe-Zertifikat B2 Sprechen

Die Prüfung dauert circa 15 Minuten für zwei Teilnehmende. Sie sollen in der Prüfung zwei Aufgaben bearbeiten: Sie halten einen kurzen Vortrag (jeweils circa 4 Minuten) und sprechen mit Ihrer Partnerin / Ihrem Partner darüber. Anschließend tauschen Sie in einer Diskussion mit Ihrer Partnerin / Ihrem Partner Ihre Standpunkte zu einem Thema aus (circa 5 Minuten).

Sie haben vor der Prüfung 15 Minuten Vorbereitungszeit. Sie bekommen Aufgabenblätter zu den zwei Prüfungsteilen und können sich Notizen machen. In der Prüfung sollen Sie nicht vom Blatt ablesen, sondern frei sprechen.

Die Prüfenden bewerten Ihre Leistung nach einem festgelegten Bewertungssystem.
Die Bewertungskriterien sind:

- Wie gut und vollständig erfüllen Sie die einzelnen Aufgabenstellungen?
- Wie gut ist Ihr Vortrag aufgebaut und wie gut sind die einzelnen Teile miteinander verbunden?
- Wie gut führen Sie die Diskussion mit Ihrer Partnerin / Ihrem Partner? Wie reagieren Sie auf andere Redebeiträge?
- Wie gut ist Ihr Wortschatz?
- Wie gut beherrschen Sie die grammatischen Strukturen?
- Wie gut und verständlich ist Ihre Aussprache?

Sie haben die Prüfung bestanden, wenn Sie 60 Punkte (60 Prozent) erreichen.

Ergebnisse

Das Zeugnis bescheinigt, welche Prüfungen Sie auf der Niveaustufe B2 bestanden haben.
Das Zeugnis weist zu jeder Prüfung die erreichte Punktzahl aus.

Modul Lesen

I Informationen zur Prüfung Goethe-Zertifikat B2 Lesen

Die **Prüfung Lesen** hat fünf Teile und dauert 65 Minuten.
Sie lesen 15 verschiedene Texte in unterschiedlicher Länge und sollen dazu 30 Fragen beantworten.

Sie können die Reihenfolge, in der Sie die Teile bearbeiten möchten, selbst bestimmen. Die Zeitangaben dienen zur Orientierung: Länger sollten Sie für den jeweiligen Teil nicht brauchen, sonst kommen Sie am Ende in Zeitnot und schaffen nicht alle Aufgaben.

Übersicht über die einzelnen Prüfungsteile

Teil	Texte	Aufgaben	Zeit	Ziel
1	Sie lesen Statements von vier verschiedenen Personen zu einem Thema von allgemeinem Interesse. Dazu gibt es 9 Fragen.	Sie beantworten neun Fragen, indem Sie entscheiden, welche von den vier Personen in ihrem Statement diese Meinung vertritt. Wählen Sie jeweils **a**, **b**, **c** oder **d**. Die Personen können mehrmals gewählt werden.	ca. 18 Minuten	Sie zeigen, dass Sie Meinungen und Einstellungen verstehen und entsprechend zuordnen können.
2	Sie lesen eine Reportage, in der an sechs Stellen ein Satz fehlt. Dazu gibt es acht Textbausteine.	Sie entscheiden, welcher Satz in die entsprechende Lücke im Text passt. Sie wählen sechs Lösungen aus den Sätzen **a** bis **h**.	ca. 12 Minuten	Sie zeigen, dass Sie einen längeren Text verstehen und Lücken sinngemäß rekonstruieren können.
3	Sie lesen einen Zeitungsartikel aus dem öffentlichen Bereich.	Sie beantworten sechs Fragen zum Text. Wählen Sie jeweils eine der Antworten **a**, **b** oder **c**.	ca. 12 Minuten	Sie zeigen, dass Sie in einem längeren Text detaillierte Angaben verstehen.
4	Sie lesen acht Meinungsäußerungen zu einem Thema aus dem öffentlichen Bereich. Dazu gibt es sechs Überschriften.	Sie suchen zu sechs Überschriften die passende Meinungsäußerung. Für eine Äußerung gibt es keine Überschrift. Wählen Sie jeweils einen der Texte **a** bis **h**.	ca. 12 Minuten	Sie zeigen, dass Sie die Standpunkte in den Meinungsäußerungen verstehen.
5	Sie lesen drei Abschnitte aus einem Text mit Instruktionen oder Regeln, z. B. einen Mietvertrag. Dazu gibt es acht Überschriften.	Sie entscheiden, welche drei Überschriften zu den im Text vorgestellten Absätzen passen. Wählen Sie jeweils eine der Möglichkeiten von **a** bis **h**.	ca. 6 Minuten	Sie zeigen, dass Sie in einem komplexen Text die relevanten Informationen verstehen.

II Einstieg zum Lesen

A Textsorten erkennen

Wie heißt die Textsorte? Ordnen Sie die Textsorte den Texten A–K zu.

TIPP
Wenn Sie wissen, um welche Textsorte es sich handelt, können Sie den Inhalt eines Textes leichter verstehen.

Zeitung • Kochbuch • Reiseprospekt • Flugblatt • Formular • Vertrag • Fachtext • persönliche Mitteilung • Werbung • ~~formeller Schriftverkehr~~ • Bedienungsanleitung

HILFE
Markieren Sie: Welche Wörter sind typisch für diese Textsorte?

A *formeller Schriftverkehr*
Sehr geehrte Damen und Herren, ich habe Ihre Anzeige im Internet gelesen und möchte mich hiermit um ein Stipendium bewerben ...

B ______________
Der *smartdevil* ist ein Staubsauger ohne Staubsaugerbeutel, d. h., dass Sie den Staubraum regelmäßig entleeren müssen. Dazu öffnen Sie den Staubraum, indem Sie auf den roten Knopf drücken ...

C ______________
Wenn Sie Berlin in zwei Tagen erleben wollen, dann sind wir der perfekte Partner! Eine Sightseeing-Tour mit dem Bus, eine Kultur-Tour in Berlin Mitte, eine Nacht in den Clubs von ...

D ______________
Kommt alle!
Am Montag findet vor Hörsaal 1 eine Demonstration statt. Gegen die neue Studienordnung! Gegen die neuen Stipendienregeln!

E ______________
Die neue Mode: online und besonders billig!
Kaufen Sie bequem per Mausklick, was immer Sie wollen! Die neue Herbstmode ist nur bei uns so günstig: www.herbst-so-billig.

F ______________
§ 6 Die vorstehenden Vereinbarungen treten in Kraft, sobald die Vertragsparteien das Abkommen unterzeichnet haben.

G ______________
Die perfekte Zwiebelsuppe gibt es eigentlich nicht. Jeder träumt davon, aber auch den Pariser Sterneköchen gelingt es nur, immer neue Variationen zu erfinden. Unsere Frage ist: Schmecken die wirklich besser? Wir empfehlen: Nehmen Sie ein Pfund Zwiebeln ...

H ______________
Der Wirtschaftsminister spricht im Bundestag
Ist die Hochkonjunktur in Deutschland zu Ende? Müssen wir uns auf eine Inflation vorbereiten? Die Rentner fürchten um ihre finanzielle Sicherheit ...

I ______________
Weißt du, ich schaffe es heute nicht mehr mit den Mitteilungen an die Kollegen. Kannst du das bitte machen? Du findest alle Infos in deinen E-Mails. Danke, Sofie

J ______________
Füllen Sie bitte aus:
Familienname: ...
Vorname: ...
Geburtsdatum: ...

K ______________
Der Output eines Sprachproduktionsprozesses ist ein Text, der – einmal geäußert oder geschrieben – zu einem Gegenstand wird, der von einem bestimmten Medium transportiert und von seinen Produzenten unabhängig wird. Dieser Text wird dann ...

B Niveaustufen erkennenn – Was ist B1? Was ist B2?

a Lesen Sie die Aussagen 1 bis 5 und die Texte A bis E. Was denken Sie: Welche Aussage passt zu welchem Text? Mehrere Lösungen sind möglich.

1 „In dem Text gibt es keine komplizierten und schwierigen Satzverbindungen." ______
2 „In dem Text gibt es zur Hauptinformation verschiedene Beispiele." ______
3 „In dem Text wird das Schlüsselwort erklärt und die Sätze sind nicht kompliziert." ______
4 „Schlüsselwörter werden nicht erklärt. Es gibt komplizierte Ausdrücke mit Nomen, Verben und Präpositionen." ______
5 „Schlüsselwörter werden nicht erklärt, es gibt schwierige Fachausdrücke." ______

A In der Schweiz gibt es vier Landessprachen: Man spricht Deutsch, Französisch, Italienisch und Rätoromanisch. Das Schweizer Hochdeutsch wird vor allem in geschriebenen Texten benutzt, in Büchern, Zeitschriften und Zeitungen. Man hört es aber auch im Fernsehen und im Radio. Sonst sprechen die Schweizer gern Schweizerdeutsch, außer wenn sie sich mit Ausländern unterhalten. Aber auch im Gespräch mit den deutschen Nachbarn heißt es „Velo" statt Fahrrad, „Tram" statt Straßenbahn und „Grüezi" statt Guten Tag.

B 1 ☐ B 2 ☐

B In der Schweiz ist Deutsch neben Französisch, Italienisch und Rätoromanisch eine der vier Landessprachen. Tatsächlich ist Deutsch die meistverbreitete Mutter- und Verkehrssprache: 17 der 26 Schweizer Kantone sind einsprachig deutsch, in drei weiteren Kantonen gelten sowohl Deutsch als auch Französisch als Amtssprache. Aber falls ein Schweizer z. B. aus dem deutschsprachigen Kanton Zug in den französischsprachigen Kanton Neufchatel umzieht, hat er kein Recht darauf, mit den Behörden und Ämtern auf Deutsch zu verhandeln.

B 1 ☐ B 2 ☐

C In den deutschsprachigen Ländern engagieren sich viele Menschen in einer ehrenamtlichen Arbeit. Oft handelt es sich dabei um Menschen im Rentenalter, aber es gibt durchaus auch zahlreiche junge Leute, die sich vor dem Studium entweder für ein Jahr im Europäischen Freiwilligendienst oder in einer anderen sozialen oder ökologischen Institution entscheiden. Im Ehrenamt hat man die Wahl unter vielerlei Aktivitäten, man hat die Möglichkeit, z. B. bei der Feuerwehr, im Sportverein, in der Sozial- oder Gemeindearbeit tätig zu werden.

B 1 ☐ B 2 ☐

D Wenn jemand sagt, dass er ehrenamtlich arbeitet, heißt das, dass er für seine Arbeit nicht bezahlt wird. Viele Rentnerinnen und Rentner möchten nicht gern den ganzen Tag zu Hause sitzen und Freizeit haben. Sie möchten weiter in ihrem erlernten Beruf arbeiten, aber ohne Stress und nicht mit einer 40-Stunden-Woche.
Es gibt viele Möglichkeiten: in Schulen, Krankenhäusern, im Kulturzentrum oder in der Stadtbibliothek. Junge Leute können sich um ein freiwilliges soziales Jahr bewerben. Dafür gibt es ein Taschengeld, Fahrgeld und manchmal eine Unterkunft.

B1 ☐ B2 ☐

E Die Stiftung Warentest hat sich im Interesse der Kunden drei große Anbieter von Teleshopping einmal genauer angeschaut. Das Ergebnis ist eher enttäuschend: durchschnittliche Qualität, ziemlich hohe Preise, grelle und nervige grafische Aufmachung. Die rechtlichen Rahmenbedingungen und der Service wurden zwar als angemessen beurteilt, aber auch dabei gibt es Lücken und Pannen. Häufig wird trotz fristgerechter Rücksendung der Waren nicht der Kaufpreis zurückerstattet, sondern es erfolgt nur eine Gutschrift, und die nicht einmal in voller Höhe.

B1 ☐ B2 ☐

b Was glauben Sie? Zu welcher Niveaustufe gehören die Texte 1 bis 5 in a? B1 oder B2? Kreuzen Sie an. Vergleichen Sie dann mit dem Lösungsschlüssel.

c Lesen Sie noch einmal die B2-Texte in a. Was ist typisch für die Niveaustufe B2? Kreuzen Sie an.

☐ komplexe Sachtexte
☐ persönlich geschriebene Texte
☐ kurze Sätze
☐ kompliziertere Verbindungen von Nomen, Verben und Präpositionen
☐ zweiteilige Konnektoren
☐ Infinitivsätze

C Selektiv lesen – bestimmte Informationen verstehen

1 Eine Geschichte erzählen

a Bringen Sie die Textabschnitte in die richtige Reihenfolge. 10 Minuten

TIPP
Beim Lesen auf der B2-Stufe geht es vor allem darum, Inhalte schnell zu verstehen. Bei dieser Übung sollen Sie nicht jedes Wort lesen, sondern möglichst schnell entscheiden: Wie geht die Geschichte weiter?

HILFE
Lesen Sie zuerst den Abschnitt C 1.
Überlegen Sie: Was passiert jetzt?
Suchen Sie dann den nächsten Abschnitt.

Mein Leben mit Lilly

A ___ Ich hatte leider keine Termine oder Verpflichtungen – nein, ich saß um halb sechs hellwach in unserer Küche und hatte gar nichts zu tun. Zuerst überlegte ich, ob ich vielleicht staubsaugen sollte, damit wenigstens Mike auch bei mir in der Küche sitzen würde, ich hab's dann aber nicht getan. Stattdessen habe ich mir einen Tee gemacht und das neue Kochbuch von E. Michels aufgeschlagen.

B ___ Ich bin also in die Küche gestolpert, während Lilly zwischen meinen Beinen herumlief und so tat, als wäre sie schon halb verhungert. Nach dem Essen verschwand sie sofort durch die Katzenklappe in den Garten. Offenbar hatte sie eine Verabredung oder ein wichtiges Meeting, zu dem sie nicht ohne Frühstück erscheinen wollte.

C _1_ Heute hat sie mich schon um halb sechs geweckt. Sie kam in mein Bett und ist so lange auf mir herumgelaufen, bis ich richtig wach war. Natürlich war ich sauer! Am liebsten hätte ich sie zu Mike rübergeschubst, aber das hätte ja nur bedeutet, dass dann zwei Leute wach und schlecht gelaunt gewesen wären.

D ___ Als Mike mich auf dem Handy anrief, saß ich im Wartezimmer, während Lilly gerade versorgt wurde. Er war ziemlich wütend, denn offenbar hatten die Nachbarn schon die Feuerwehr gerufen, weil sie einen Brandgeruch im Treppenhaus bemerkt hatten. Ich konnte Lilly gleich wieder mitnehmen, aber ich bin erstmal mit ihr ins „Café Eisenstein" gegangen, damit ich zu einem Frühstück mit einem unverbrannten Muffin kam und Mike sich ein bisschen beruhigen konnte.

E ___ Auf Seite 102 habe ich ein tolles Rezept für Muffins entdeckt: Mehl, Eier, Butter, Zucker, Milch und ein paar Gewürze, die Zubereitung war meiner Meinung nach supereinfach. Ich habe sofort angefangen, den Teig zu rühren, das ging ganz schnell. Um sechs konnte ich die Muffin-Förmchen schon in den Ofen schieben. Das würde ein wunderbares Sonntagsfrühstück werden!

F ___ Um Viertel nach sechs klingelte es an der Wohnungstür: Da stand mein Nachbar, mit einer jämmerlich schreienden Lilly im Arm. Ihr Fell war blutig, ein Ohr war zerrissen, sie sah aus wie ein Unfallopfer. Der Nachbar sagte, dass sie mit einem Hund gekämpft habe, sie sei eine richtige Heldin. „Gut", sagte ich, „dann fahren wir eben wieder zum Notfall-Tierarzt, es ist ja erst das dritte Mal in diesem Monat."

Bis morgen,
eure Britta

b Beantworten Sie die Fragen.

1 Warum ist Britta so früh aufgestanden?
2 Was wollte Lilly um halb sechs?
3 Was hat Britta um 6:00 Uhr morgens gemacht?
4 Was sagt der Nachbar über Lilly?
5 Warum ruft Mike an?
6 Warum fährt Britta vom Tierarzt nicht direkt nach Hause?

2 Wo steht die Information?

a Lesen Sie den Text. 6 Minuten

TIPP

Sie können zuerst den Text lesen und sich dann mit den Aufgaben beschäftigen. Sie können aber auch zuerst die Aufgabe 1 lesen und dann die Stelle im Text suchen. Versuchen Sie beide Methoden: Was passt besser zu Ihnen?

HILFE

Überlegen Sie: Wer hat den Text geschrieben?
Worum geht es?
Was erfahren wir in diesem Text?

Anitas Küchentipps

Vor ein paar Jahren habe ich einen Kochkurs besucht, nicht in der Volkshochschule, sondern in einem schicken Kochstudio im Stadtzentrum. Eigentlich habe ich dort nicht viel gelernt, denn ich musste praktisch die ganze Zeit Gemüse schneiden. Manchmal durfte ich allerdings auch in den Töpfen herumrühren. Der Seminarleiter war ein sehr strenger älterer Herr mit einer stark ausgeprägten Vorliebe für die Suppenküche.

Vielleicht interessiere ich mich deshalb nicht für Gemüsesuppen oder andere Formen von flüssigen Vorspeisen. Für mich sollte der erste Gang knusprig, leicht und pikant sein, z. B. diese köstlichen kleinen Zwiebelpfannkuchen, die so gut zu einem spritzigen Weißwein passen.

Man braucht dafür nur Zwiebeln, Eier, Mehl und Sojasoße. Die Zubereitung ist denkbar einfach, und wenn Sie eine gemütliche Küche mit Essecke haben, sollten Sie die Pfannkuchen vor den Augen Ihrer Gäste braten und sofort von der Pfanne auf die Teller servieren.

So bereiten Sie den Teig für die Pfannkuchen vor: Schneiden Sie 500 g Schalotten in ...

b Lesen Sie die Aufgaben 1 bis 6. Notieren Sie, in welcher Zeile Sie die Antwort finden.

HILFE

Markieren Sie die Schlüsselwörter in der Aufgabe.

1 Wo hat der Kochkurs stattgefunden? Zeile: ______
2 Wie beurteilt Anita den Kurs? Zeile: ______
3 Was schlägt Anita für den Beginn eines Menüs vor? Zeile: ______
4 Welche Zutaten sind dafür nötig? Zeile: ______
5 Welches Getränk empfiehlt Anita zur Vorspeise? Zeile: ______
6 Soll man die Vorspeise kalt oder warm essen? Zeile: ______

3 Wo steht die Antwort?

Lesen Sie das Beispiel und die Aufgaben 1 bis 4 und die „Bibliotheks-Ordnung". Notieren Sie, in welchem Abschnitt Sie die Antworten finden können, wie im Beispiel.

Kreuzen Sie dann die richtige Antwort a, b oder c an. 10 Minuten

TIPP

Lesen Sie den Text nicht detailliert. Suchen Sie nur die Lösungen für die Aufgaben 1 bis 4. Das bedeutet, dass Sie nicht alle Abschnitte lesen müssen!

HILFE

Markieren Sie die Schlüsselwörter in der Aufgabe. Suchen Sie dann den passenden Abschnitt und die Lösung im Text.

Beispiel:

0 Wie viel muss ein Schüler für den Bibliotheksausweis bezahlen?
Abschnitt *§ 5 Kosten jährlich*
- a ☐ Fünf Euro.
- b ☐ Nichts.
- c ☐ Zehn Euro.

1 Was muss man tun, um einen Bibliotheksausweis zu bekommen?
Abschnitt ______________________
- a ☐ Man muss immer den Pass und das Anmeldeformular mitbringen.
- b ☐ Man muss online ein Formular ausfüllen.
- c ☐ Man muss seinen Ausweis in der Bibliothek vorlegen.

2 Wie lange darf man ein Buch behalten?
Abschnitt ______________________
- a ☐ Zwei Monate.
- b ☐ Zwei Wochen.
- c ☐ Vier Wochen.

3 Wer bekommt den Bibliotheksausweis ermäßigt?
Abschnitt ______________________
- a ☐ Auszubildende.
- b ☐ Kinder.
- c ☐ Rentner.

4 Wie viele Bücher oder CDs kann man mitnehmen?
Abschnitt ______________________
- a ☐ Mehr als fünfzig.
- b ☐ Sechzehn.
- c ☐ So viele, wie man will.

Bibliotheks-Ordnung

Um Medien mit nach Hause nehmen zu können, benötigen Sie einen Bibliotheksausweis. Einen Bibliotheksausweis können Sie innerhalb der Öffnungszeiten in Ihrer Bibliothek beantragen.

§ 1 Bibliotheksausweis
Für die Ausstellung eines Bibliotheksausweises benötigen Sie
- einen gültigen Personalausweis oder
- den Pass und die amtliche Meldebestätigung.

Die Anmeldung von Erwachsenen erfolgt vor Ort ohne Ausfüllen von Formularen. Für den Jahresausweis gibt es Ermäßigungen für einige Personengruppen. Die Ausweise sind personenbezogen und nicht auf andere Personen übertragbar!

§ 2 Anmeldung Kinder und Jugendliche unter 18 Jahren
Bei der Anmeldung von Kindern und Jugendlichen unter 18 Jahren benötigen wir die Unterschrift eines Erziehungsberechtigten. Von dieser Person benötigen wir außerdem den Personalausweis oder den Pass und die amtliche Meldebestätigung. Bitte nutzen Sie die Möglichkeit, das Anmeldeformular für Kinder und Jugendliche schon vorab auszudrucken und auszufüllen.

§ 3 Ausweisgültigkeit
Die Bibliotheksausweise sind ab Anmeldetag ein Jahr gültig.
Die Bibliotheksausweise gelten in allen öffentlichen Bibliotheken Berlins und der Stiftung Zentral- und Landesbibliothek Berlin (Amerika-Gedenkbibliothek und Berliner Stadtbibliothek).

§ 4 Ausleihe

Standard-Ausleihfrist	28 Kalendertage
CDs, MCs, DVDs, Blu-ray-Discs, Videos, Konsolenspiele, Zeitschriften	14 Kalendertage

Sie können bis zu 60 Medien gleichzeitig ausleihen.

§ 5 Kosten jährlich

Personen über 16 Jahre, Standard-Beitrag	10,00 Euro
Studentinnen und Studenten, Teilnehmende an einem freiwilligen sozialen Jahr, Personen in Berufsausbildung, Jugendleiterinnen und Jugendleiter	5,00 Euro
Empfänger von Arbeitslosengeld, Sozialhilfeempfänger, Kinder, Schülerinnen und Schüler, Schulen, Kindergärten und ähnliche Einrichtungen	entgeltfrei

D Detailliert lesen – Einzelheiten verstehen

1 Jedes Wort ist wichtig.

Was passt? Ordnen Sie den Sätzen 1–7 die Reaktionen a–g zu.

TIPP
Wenn Sie die Schlüsselwörter in den Sätzen 1–7 markieren, können Sie bei a–g gezielt nach den passenden Reaktionen suchen.

HILFE
Markieren Sie die Schlüsselwörter.

1 Morgen um 20:00 Veranstaltung im Kulturhaus. Kommst du mit? ___c___
2 Muss morgen nach Köln, brauche das Auto. Kannst du volltanken? ______
3 Probleme mit dem PC. Kommen Sie schnell! ______
4 Clara hustet und hat Fieber. Sie müssen sie sofort abholen! ______
5 Frau Berger ist krank. Können Sie in Klasse 6b vertreten? ______
6 Habe Karten fürs Open-Air-Konzert. Kommst du mit? ______
7 Habe zwei wunderbare Forellen. Hast du Appetit? ______

a Was ist los? Kommen Sie noch ins Internet?
b Ja, schon. Aber ich bin doch Vegetarier!
c Weiß nicht, was gibt's da?
d Weißt du, dass es heute Abend ein Gewitter geben soll?
e Bin in einer Sitzung. Mein Mann kommt in 30 Minuten.
f Tut mir leid, arbeite seit Kurzem Vollzeit an der Volkshochschule.
g Nein!! Leih dir eins, ich muss die Kinder vom Sportfest abholen!

2 Welche Anzeige passt?

Lesen Sie die Situationen 1 bis 5 und die Anzeigen a bis h. Ordnen Sie zu: Welche Anzeige passt zu welcher Person?
Für eine Situation gibt es keine Lösung. In diesem Fall schreiben Sie 0.
Sie können jede Anzeige nur einmal benutzen.

10 Minuten

HILFE
Markieren Sie die Schlüsselwörter in den Aufgaben, suchen Sie dann in den Anzeigen die Lösung. Lösen Sie zuerst die Aufgaben, die Ihnen leichtfallen.

TIPP
Es ist wichtig, die Schlüsselwörter in der Aufgabe zu markieren, weil Sie dann gezielt nach der Lösung im Text suchen können. In der Aufgabe und im Text werden nicht die gleichen Wörter verwendet.

Beispiel:
Carlo will umziehen, weil seine Ein-Zimmer-Wohnung zu klein ist.
Außerdem hat er einen Hund, der gern allein rausgeht. Anzeige ___b___

1 Frau Mittenmeier will eine bequeme, elegante Wohnung außerhalb der großen Stadt kaufen. Sie soll aber mit öffentlichen Verkehrsmitteln gut angebunden sein. Anzeige ______
2 Katrin sucht ein Zimmer in einer Wohngemeinschaft in der Nähe der Universität. Sie muss für eine Prüfung lernen und braucht deshalb viel Ruhe. Ihre Möbel will sie mitbringen. Anzeige ______

3 Sylvia und Pedro möchten eine moderne und bequeme 2-Zimmer-Wohnung mieten. Sie arbeiten beide im Zentrum und wollen nicht jeden Tag pendeln. Anzeige ____

4 Familie Huber (3 Kinder) möchte raus aus der Stadt, obwohl Herr Huber in der Stadt arbeitet. Sie suchen ein Haus auf dem Land mit langfristiger Finanzierung. Anzeige ____

5 Herr Narwa sucht eine Mietwohnung für sechs Monate. Sie soll vollmöbliert und zentrumsnah sein. Anzeige ____

a

Frauen-WG
bietet Leerzimmer an: 26 qm, keine Lärmbelästigung, drei Mitbewohnerinnen, 10 Gehminuten zur Uni, Waschmaschine und Fahrradkeller.
Moni: 0160 6542977

b

Loft in alter Fabrik
zu vermieten, 60 qm Wohn-Schlafraum mit Kochnische, kleines Duschbad, Erdgeschoss, viel Platz im Garten.
meyers@gmx.de

c

Agewo
bietet Eigentumswohnungen im Fluss-Tower an: Erstbezug, mitten in der Natur, 2 bis 4 Zimmer mit Blick ins Grüne, Balkon und Wannenbad, Aufzug, mit Bus oder Bahn in 15 Min. im Zentrum.
www.agewo.de/fluss-tower

d

Mitbewohner/in gesucht!
Großes, helles Zimmer mit Balkon in Studenten-WG, sehr schön möbliert, Uni-Nähe, Bad- und Küchenbenutzung, ruhige Lage.
schmidt@freenet.de

e

Historischer Altbau
im Stadtzentrum: 2–4-Zimmer-Wohnungen im 4. und 5. Stock, renovierungsbedürftig, eine Gelegenheit für Bastler! Besonders günstig zu vermieten, ohne Provision.
0170 3356987

f

Kleines Landhaus
in Moorhusen, 70 Autominuten vom Stadtzentrum, zweistöckig, 4 Schlafzimmer, großer Garten. Ratenzahlung möglich.
info@minervabank.org

g

Ferienwohnung
hinter dem Rathaus: 1. Stock, großes elegantes Wohn-Schlafzimmer, Duschbad, Küche mit Essecke, moderne Ausstattung. Langzeit-Mieter bevorzugt!
Tel. 0171 2349855

h

Am Stadtrand wohnen
10 Gehminuten zur S-Bahn, elegante Mietwohnungen in Oranienburg, Neubau in sehr schöner Lage, 2–4 Zimmer, große Balkons.
www.engelke.de/oranienburg

Modul Lesen

E Standpunkte erkennen

Welche Aussage passt?

Verschiedene Personen sagen in einem Internetforum ihre Meinung zum Thema: „Gesunde Ernährung".

HILFE
Markieren Sie beim Lesen in jedem Text die Wörter, die Ihnen verraten, welchen Standpunkt der Sprecher zum Thema „Gesunde Ernährung" vertritt, wie im Beispiel.

a Lesen Sie die Meinungen 1 bis 5.

Beispiel:

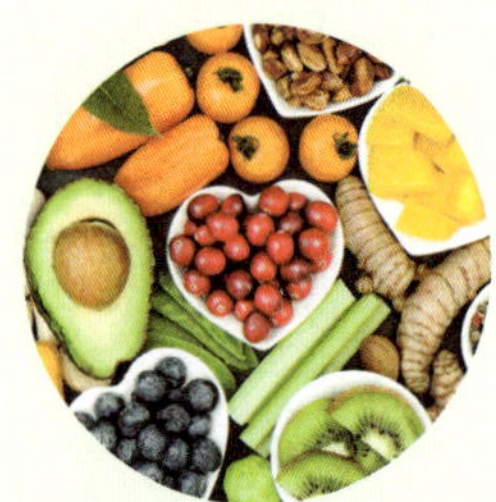

1 Ich esse kein Fleisch, weil ich weiß, dass alle Tiere eine Seele haben. Wie kann man tote Tiere essen? Ich finde schon den Gedanken furchtbar! Wenn ich ein blutiges Steak sehe, wird mir einfach schlecht. Ich bin fest davon überzeugt, dass unser Körper viel besser funktioniert, wenn wir uns nur von Getreide, Gemüse und Obst ernähren.
Milena

2 In meiner Familie wird das Thema häufig diskutiert. Meine Schwester ist Veganerin, sie isst nicht mal Eier oder Honig. Ich mag auch nicht gern Fleisch, aber eine so radikale Einstellung finde ich nicht richtig. Das kann zu Mangelerscheinungen führen. Und mein Vater möchte gern mal einen Sonntagsbraten haben. Für meine Mutter ist das Kochen also ziemlich schwierig.
Bastian

3 Heutzutage sind viele Leute der Meinung, dass Fleisch und Wurst schädlich sind. Ihrer Meinung nach ist Vegetarismus Pflicht, wenn man seinen Körper gesund erhalten will. Menschen sind aber Allesfresser, unser Körper braucht Eisen, Vitamine und Mineralstoffe, die es nur in Fleisch und Wurst gibt. Außerdem essen die Menschen schon seit mehr als tausend Jahren Fleisch.
Stefan

4 Wer einmal gesehen hat, wie Schweine oder Hühner in der Massentierhaltung leben müssen, hat bestimmt keinen Appetit mehr auf billige Grillhähnchen! Wenn man unbedingt Fleisch essen möchte, dann sollten es Bio-Produkte sein, die der Gesundheit nicht schaden. Gute regionale Produkte vom Fleischer halte ich für gesundes Essen.
Thomas

5 Viele von meinen Freundinnen leben vegetarisch, aber ich glaube nicht, dass es dabei um die Tiere oder die Umwelt geht. Im Vordergrund steht vielmehr die schlanke Figur und eine schöne Haut. Natürlich ist es gesünder, wenn man wenig Fett und Zucker zu sich nimmt, aber es gibt auch Fleischgerichte, die diese Bedingung erfüllen. Ich versuche immer, mich gut zu informieren und kontrolliert zu essen.
Sophie

b Ordnen Sie zu: Welche Meinung 1 bis 5 passt zu den Sätzen a bis e?

HILFE
Entscheiden Sie jetzt: Welcher Satz passt zu den Standpunkten der Personen, die Sie im Text markiert haben?

a Es ist wichtig, dass man genau weiß, was auf dem Teller liegt. ______
b Der Verzicht auf alle tierischen Produkte kann schädlich sein. ______
c Für den Menschen ist es am besten, wenn er alles isst. ______
d Fleisch von guter Qualität ist gut für den Körper. ______
e Es ist gesund, alle tierischen Produkte zu vermeiden. *Milena*

F Texte verstehen

Keine Angst vor unbekannten Wörtern!

a Lesen Sie zuerst die Aufgaben.

HILFE
Markieren Sie die Schlüsselwörter in den Aufgaben 1–4.
Suchen Sie dann die Lösung im Text (b).

1 Mieter und Vermieter wünschen, dass der Mietvertrag für lange Zeit gelten soll.	Richtig	Falsch
2 Wenn der Vermieter die Wohnung selbst braucht, kann er den Vertrag kündigen.	Richtig	Falsch
3 Die Miete wird immer am Jahresende neu ausgehandelt.	Richtig	Falsch
4 Wenn der Vermieter im Vertrag etwas ändern will, muss er das schriftlich mitteilen.	Richtig	Falsch

b Im folgenden Text fehlen einige Wörter. Die Aufgaben 1 bis 4 zum Text können Sie trotzdem lösen. Markieren Sie die Lösungen im Text und kreuzen Sie in a an: Richtig oder Falsch?

Mietvertrag

§ 2 Mietzeit
Das Mietverhältnis beginnt am 01.09.2019. Es läuft auf unbestimmte Zeit.
Die Vertragspartner ▇▇▇ ein längerfristiges Mietverhältnis ▇. Das Recht zur ▇▇▇ Kündigung des Vermieters (wegen ▇▇▇, als ▇▇▇, Teilkündigung und ▇▇▇kündigung §§ 573 ▇▇▇) ist daher ausgeschlossen.

Die Kündigungsvoraussetzungen richten sich im ▇▇▇ nach den ▇▇▇ Vorschriften und den vertraglichen Absprachen.

§ 3 Miete
Die Miete beträgt 550,00 Euro monatlich.
Die Vertragsparteien vereinbaren, dass die Miete für den Zeitraum von 3 Jahren nicht erhöht wird. Mieterhöhungen und alle anderen Erklärungen, die ▇▇▇ betreffen, muss der Vermieter schriftlich abgeben. Soweit gesetzlich ▇▇▇, reicht ▇▇▇ der Erklärung in Schriftform aus.

c Sie können den vollständigen Text auf S. 140 lesen und Ihre Lösungen vergleichen.

TIPP
Sehen Sie: Die unbekannten Wörter sind für die Lösung nicht wichtig!

III Übungen zum Lesen

HILFE

Schritt für Schritt
Bei den folgenden Übungen geht es darum, komplexe Texte zu verstehen und bestimmte Informationen im Text zu erkennen. Lesen Sie die Anweisungen immer sehr sorgfältig: Welche Aufgaben soll ich lösen?

1 Texte ergänzen und verstehen

a Lesen Sie zuerst den ganzen Text. Finden Sie zu jedem Abschnitt eine Überschrift und notieren Sie sie.

15 Minuten

TIPP

Sie können zuerst die Aufgabe a bearbeiten: Erfinden Sie Überschriften für die Textabschnitte. Sie können aber auch gleich die Aufgabe b mitbearbeiten: Entscheiden Sie sofort, welcher Satz in diesem Abschnitt passt. Die Aufgabe c lösen Sie danach. Zu jedem Abschnitt gibt es eine Frage.

HILFE

Lesen Sie den Text Abschnitt für Abschnitt. Überlegen Sie: Was ist das Thema in diesem Abschnitt? Gibt es eine Idee, ein Schlagwort, das den Inhalt zusammenfasst? Das könnte Ihre Überschrift sein.

Das Berliner Lebensgefühl

Hier ist immer etwas los

Wenn man als Berliner darum gebeten wird, einen Bericht über das Leben in Berlin zu schreiben, so ist dies eine leichte Aufgabe, (1), jeden Tag, gute und schlechte. Man sammelt wunderbare und abstoßende Erfahrungen. Ständig passiert irgendwo etwas und OFT wird man in irgendeiner Form darin verwickelt. Das Leben in Berlin ist locker und spontan. Es gibt Tanzeinlagen in der U-Bahn und Partys auf der Straße. In Kreuzberg oder Prenzlauer Berg findet immer irgendwo ein Freiluftkonzert statt. (2), denn irgendwie scheinen die Leute in Berlin tagsüber viel Zeit zu haben.

____

Berlin ist unfassbar dreckig. Und das passt prima zu der ganzen Atmosphäre. Die Graffitis an den Hauswänden gehören zum künstlerischen Konzept der Stadt, die Sofas in den coolen Bars sind schmutzig und zerrissen und auf der Straße sieht man massenweise Hundescheiße oder den Müll aus der Silvesternacht, wenn es schon April ist. (3), aber eigentlich regt sich niemand darüber auf. Die meisten Leute sehen aus, als ob sie sich hier wohlfühlen.

____

Jeder Mensch hat in dieser Stadt jeden Tag Gelegenheit, neue Leute kennenzulernen, aber meistens kommen diese Leute nicht aus Berlin, sondern aus Hessen, aus New York, Damaskus oder Madrid. Manche bleiben nur ein Wochenende, (4). So schnell, wie man die Leute kennengelernt hat, so schnell sind sie oft wieder verschwunden. Eine längerfristige Freundschaft aufzubauen, ist hier wohl komplizierter als in einem Dorf.

____

Berlin verändert sich so schnell wie keine andere Stadt in Deutschland. Während man in München seit zwanzig Jahren immer in dieselben Restaurants und Kneipen geht, entstehen in Berlin ständig neue Lokalitäten. Aber in letzter Zeit verschwinden auch viele schöne Clubs und Bars: (5), die Straßen werden ruhiger und langweiliger. Wo früher Hausbesetzer lebten, wohnen jetzt Banker oder Web-Designer. Diese Leute müssen morgens wohl früher aufstehen.

____

Das typische Lebensgefühl von Berlin ist das Gefühl von Freiheit, Spontaneität und Flexibilität. Für mich ist das eine faszinierende Mischung: Der Geruch von Holzkohle im Winter und der von Lindenblüten im Sommer. Viele Möglichkeiten und lange Partynächte. Berlin ist die perfekte Stadt für mich. (6). Ob ich in 20 Jahren noch hier leben möchte, kann ich nicht sagen.
Susan, 24, Journalistin

b Lesen Sie die Textbausteine und entscheiden Sie: Welcher Satz passt in welche Lücke?

HILFE

Sie müssen zwei Kriterien beachten:
1. Welcher Satz passt zum Inhalt?
2. Passen die Sätze grammatisch in die Lücke?

a Die Anwohnerschaft ändert sich, Nr. ______
b bei anderen wird es ein ganzes Leben. Nr. ______
c denn in Berlin macht man wirklich viele Erfahrungen, Nr. ______
d Die Zuhörer kommen dann mit einer Flasche Bier vorbei, Nr. ______
e Es ist die beste Stadt, wenn man jung ist. Nr. ______
f Die letzten beiden Punkte sind natürlich weniger cool, Nr. ______

c Wählen Sie die richtige Lösung a, b oder c.

HILFE

Markieren Sie in der Aufgabe die Schlüsselwörter.
Suchen Sie den passenden Abschnitt zur Aufgabe.
Markieren Sie die Lösung im Text und kreuzen Sie an: a, b oder c.

1 Die Autorin ...
a ☐ besucht jeden Tag ein Konzert.
b ☐ hat in Berlin sehr unterschiedliche Eindrücke.
c ☐ lebt wegen der Musik in Berlin.

2 Die Autorin findet, dass ...
a ☐ die Berliner zu oft über den Schmutz schimpfen.
b ☐ die Müllabfuhr in Berlin nicht gut arbeitet.
c ☐ Sauberkeit und Eleganz für Berliner nicht wichtig sind.

3 In Berlin kann man ...
a ☐ leben wie in einem Dorf.
b ☐ leicht flüchtige Bekanntschaften machen.
c ☐ leicht Freunde fürs Leben finden.

4 Die Stadt verändert sich, weil ...
a ☐ andere Leute in die alten Stadtviertel ziehen.
b ☐ die Hausbesetzer die Clubs und Bars schließen.
c ☐ viele Menschen nach Bayern gehen.

5 Berlin ist eine gute Stadt für Leute, die ...
a ☐ die Vielfalt der Stadt lieben.
b ☐ von Berlin fasziniert sind.
c ☐ zwanzig Jahre dort leben wollen.

2 Antworten im Text suchen

HILFE

Schritt für Schritt
Um die Texte zu verstehen, müssen Sie nicht jedes Wort kennen. Überlegen Sie bei jedem Abschnitt, um welches Thema es geht.

a Lesen Sie den Text. Lesen Sie auch die Aufgaben 1 bis 5 in b. Wo finden Sie die Antworten im Text? Markieren Sie die Stellen im Text, wie im Beispiel.

10 Minuten

HILFE

Bei langen Texten sind die Fragen chronologisch angeordnet, d. h. die Antwort auf die erste Frage finden Sie am Anfang des Textes.

TIPP

Sie können zuerst den Text lesen und sich danach mit den Aufgaben beschäftigen. Sie können aber auch das Beispiel und die Aufgabe 1 lesen und dann die Lösung im Text suchen. Probieren Sie beide Methoden!

Frauen als Sprecherinnen und Moderatorinnen von Nachrichtensendungen und Talkshows sind heute nicht mehr ungewöhnlich. Aber wenn man bedenkt, dass es in Deutschland schon seit 1952 regelmäßige Nachrichtensendungen im Ersten Programm (ARD) gab, dann hat es beinahe 25 Jahre gedauert, bis die erste Frau bei der Tagesschau am Mikrofon saß. Das war 1976.
Der direkte Konkurrent, das Zweite Programm (ZDF) war diesen Schritt schon fünf Jahre vorher gegangen. Im Mai 1971 las eine Frau erstmals beim ZDF in der Spätausgabe von *heute* die Nachrichten. Das ist lange her, heutzutage ist bei beiden Sendern das Geschlechterverhältnis ausgeglichen.
Wer in dieser Woche häufiger das Frühstücksfernsehen von ARD und ZDF angeschaltet hat, dem ist möglicherweise noch etwas anderes aufgefallen. Die Kurznachrichten wurden oft von jungen Sprecherinnen vorgetragen, deren Namen auf einen Migrationshintergrund schließen lassen.
So wurden die Nachrichten im *heute express* erstmals von einer Deutsch-Türkin gelesen, kurze Zeit später saß eine Sprecherin im heute-Nachrichtenstudio, die in Deutschland aufgewachsen ist, deren Vater aber aus dem Libanon kommt. Eine weitere Sprecherin im Team hat iranische Wurzeln.
Beim ZDF will man die verstärkte Präsenz weiblicher Nachrichtensprecherinnen allgemein und speziell von Moderatorinnen mit ausländischen Wurzeln nicht überbewerten. „Entscheidende Kriterien sind immer Qualität und Kompetenz. Für uns ist es grundsätzlich wichtig, in unserem Programm die Vielfalt der deutschen Gesellschaft darzustellen – das gilt natürlich auch für unsere Moderatorinnen und Moderatoren", sagte der stellvertretende Chefredakteur.

b Lesen Sie die Aufgaben. Sind die Aussagen richtig oder falsch?

HILFE

Markieren Sie die Schlüsselwörter in der Aufgabe und suchen Sie die entsprechenden Informationen im Text. Kreuzen Sie dann die Lösung an.

Beispiel:

0	Im deutschen Fernsehen gab es von Anfang an Moderatorinnen.	Richtig	~~Falsch~~ (X)
1	Die erste Nachrichtensprecherin in Deutschland gab es beim ZDF.	Richtig	Falsch
2	Heute sprechen immer noch mehr Männer als Frauen die Nachrichten.	Richtig	Falsch
3	Die Nachrichten am Morgen werden immer von jungen Frauen gelesen.	Richtig	Falsch
4	Alle Sprecherinnen mit Migrationshintergrund kommen aus der Türkei.	Richtig	Falsch
5	Beim ZDF denkt man, dass das Fernsehen die deutsche Realität zeigen soll.	Richtig	Falsch

3 Falsche Fährten erkennen

HILFE

Schritt für Schritt
In jedem Textabschnitt gibt es mehrere Informationen. In den Aufgaben gibt es immer eine Lösung, die genau zu einer dieser Informationen passt.
In den Aufgaben gibt es Wörter oder Formulierungen, die ähnlich sind wie im Text. Dort befindet sich aber meistens nicht die Lösung: Das sind „falsche Fährten", und die müssen Sie erkennen.

Lesen Sie den Text und die Aufgaben. Welche Aussage ist richtig? Kreuzen Sie an: a, b oder c.

HILFE

Lesen Sie zuerst den Text. Die drei Aufgaben beziehen sich auf den ganzen Text!

Hallo Tarek,

ich habe versucht, Dich anzurufen, aber das hat nicht geklappt. Ich muss unbedingt mit Deinem Mitbewohner sprechen, mit Michael Brenner. Gibst Du mir bitte seine neue Handy-Nummer? Oder kannst Du ihm sagen, dass er sich unbedingt bei mir melden soll?

Michael arbeitet zusammen mit mir und ein paar anderen Leuten an dem Sparkassenprojekt in der Wirtschafts-Uni, das weißt Du ja wahrscheinlich. Vielleicht hat er Dir auch erzählt, dass wir in der letzten Zeit ein paar Probleme in der Gruppe hatten. Jetzt sieht es so aus, als würde das ganze Sparkassenprojekt auseinanderbrechen, wenn wir nicht ganz schnell einen neuen Gruppenleiter finden. Das ist schwierig, weil gerade Semesterferien sind, aber es ist wichtig.

Prof. Meinhold vom Verwaltungsrat der Uni hat Gül Yilmaz vorgeschlagen, das ist eine von den Tutorinnen, die schon seit ein paar Monaten bei uns mitmacht. Einige in der Gruppe sind davon nicht begeistert, weil Gül ja schon kurz vor der Master-Prüfung steht. Da wir im nächsten Sommer zur Feldforschung nach Vietnam fliegen wollen, müssen aber jetzt die Anträge für die Finanzierung gestellt werden. Und das geht nur, wenn wir einen Vorsitzenden haben.

Sag das Michael! Er muss morgen in der Uni sein und er soll mich vorher anrufen!

Danke und bis bald mal.
Lena

1 Zu Lenas Gruppe gehören
- a ☐ Michael und Tarek.
- b ☐ Prof. Meinhold und Michael.
- c ☐ Gül und Michael.

HILFE

Kann a richtig sein? „Michael arbeitet zusammen mit mir", aber was erfahren wir von Tarek?

___

Kann b richtig sein? Was erfahren wir über Prof. Meinhold?

___

Kann c richtig sein? Was erfahren wir über Gül Yilmaz?

___

2 Die Gruppe muss sich treffen, weil ...
- a ☐ sie ohne Führungsperson nicht handlungsfähig sind.
- b ☐ sie über die Finanzierung diskutieren müssen.
- c ☐ der Verwaltungsrat ihnen etwas vorschlagen will.

HILFE

Kann a richtig sein? Was bedeutet das Wort „handlungsfähig"? (denken Sie an „arbeitsfähig")

Kann b richtig sein? Was soll mit der Finanzierung gemacht werden?

Kann c richtig sein? Will der Verwaltungsrat etwas vorschlagen?

3 Was für Pläne hat die Gruppe für den Sommer?
- a ☐ Das Studium abschließen.
- b ☐ In Asien forschen.
- c ☐ Bei einer Bank arbeiten.

HILFE

Kann a richtig sein? Wer macht bald die Abschlussprüfung?

Kann b richtig sein? Was bedeutet das Wort „Feldforschung" (denken Sie an „Feld, Wiese" = draußen)

Kann c richtig sein? Was hat die Gruppe mit der Bank („Sparkasse") zu tun?

4 Standpunkte erkennen

Drei Personen sprechen über das Thema „Ausbildung oder Studium?"
Dazu lesen Sie 6 Aussagen. Welche Aussage passt zu den Personen a, b oder c?
Zu einer Person können eine oder mehr Aussagen passen.

15 Minuten

HILFE

Markieren Sie zuerst die Schlüsselwörter in den Fragen 1 bis 6. Suchen Sie dann die Lösungen in den Texten a bis c.

TIPP

Wenn Sie für diese Übung länger als 15 Minuten brauchen, kommen Sie in der Prüfung in zeitliche Schwierigkeiten. Der Stressfaktor in der Prüfung „Lesen B2" ist die Zeit, d. h. Sie müssen die Aufgaben schnell lösen!

Beispiel:

0 Wer wollte viel von der Welt sehen? *Clara*

1 Wer freut sich über eine kurze Ausbildungszeit? ______

2 Für wen ist es wichtig, das Studium mit praktischer Arbeit zu verbinden? ______

3 Wer hatte früher Illusionen über das Studium? ______

4 Wer hat sich nach dem Abitur eine Auszeit genommen? ______

5 Wer hält sich die Möglichkeit für ein späteres Studium offen? ______

6 Wer möchte sich später selbstständig machen? ______

a Clara

Alle meine Freunde sind an der Universität, oder sie machen gerade Abitur und wollen danach studieren. Ich habe ganz andere Pläne und ein Studium gehört nicht dazu. Seit meiner Kindheit träume ich davon, durch die ganze Welt zu reisen. Nach dem Abi bin ich erstmal ein Jahr lang mit „work and travel" nach Australien und Südamerika gereist; das war toll. Ich habe so viele neue Freunde gefunden und ich habe auch viel gelernt. Es waren nicht nur gute Erlebnisse, das ist ja klar, aber auch die schlechten Erfahrungen waren für mich wichtig. Jetzt habe ich mich bei der *Lufthansa* um eine Ausbildung als Flugbegleiterin beworben, und ich bin auch zu einem Vorstellungsgespräch eingeladen worden. Die Ausbildung dauert nur ein paar Monate, danach beginnt sofort die Arbeit im Flugzeug. Natürlich will ich das nicht ewig machen, nur ein paar Jahre. Später will ich dann vielleicht für eine Reiseagentur arbeiten; mal sehen – es gibt so viele Möglichkeiten!

b Robert

Ich habe mich für ein „Duales Studium" entschieden, weil ich keine Lust habe, jahrelang zu studieren, um dann später keinen Arbeitsplatz zu finden. Mein Berufsziel ist Eventmanager, am liebsten möchte ich eine eigene Firma haben. Dafür ist diese Form des Studiums eine ideale Ausgangsbasis. Ich bin jeweils zwei Tage pro Woche in der Universität und drei Tage arbeite ich in einer Eventagentur. Der theoretische Teil hat mir am Anfang ziemlich viele Schwierigkeiten bereitet, weil wir sehr viel Mathematik, Informatik und Statistik lernen müssen. Die ersten beiden Klausuren sind für mich tatsächlich sehr schlecht gelaufen, aber dadurch habe ich begriffen, dass ich einfach jeden Abend und auch am Wochenende lernen muss. Jetzt fühle ich mich im Studium wohl, ich habe Freunde gefunden, die mit mir eine Lerngruppe bilden. Und ich sehe, dass das theoretische Studium mir auch in der Agentur hilft. Ich verstehe jetzt viel besser, wie eine Firma funktionieren muss.

c Jens

Als ich noch in der Schule war, habe ich immer gedacht, dass ich nach dem Abitur unbedingt an die Universität wollte. Ich habe mir das Studentenleben so interessant vorgestellt: eine Wohngemeinschaft mit coolen Freunden, ab und zu eine Vorlesung, viele Partys und Wochenendtrips nach Paris oder London, am Ende ein toller Job! Inzwischen war ich bei der Studienberatung und ich habe eine Woche lang ausprobiert, wie der Alltag an der Uni aussieht. Das war ziemlich enttäuschend. Mir wurde sehr schnell klar, dass ich als Student wohl keine Zeit für Partys und Städtereisen haben werde. Außerdem sind die Aussichten nach dem Studienabschluss auch nicht so rosig, wie ich gedacht hatte. Ich möchte Sozialwissenschaften studieren und später vielleicht im Ausland bei der Entwicklungshilfe arbeiten. Leider finden aber gerade in diesem Bereich fast die Hälfte der Studienabgänger keinen Arbeitsplatz. Viele Sozialwissenschaftler landen schließlich in einem langweiligen Verwaltungsjob. Ich habe deshalb beschlossen, zuerst eine Ausbildung zum Krankenpfleger zu machen, dann habe ich jedenfalls einen sicheren Arbeitsplatz. Und wenn ich später studieren will, kann ich das ja immer noch tun.

5 Meinungen zuordnen

Sie lesen verschiedene Meinungen zum Thema „Kurzurlaub“.
Wie passen die Überschriften und die Meinungen zusammen?
Ordnen Sie zu. Für eine Überschrift gibt es keine Meinung.

5 Minuten

HILFE

Markieren Sie zuerst die Schlüsselwörter in den Überschriften. Suchen Sie dann die Lösung im Text.

TIPP

Diese Texte sind nicht schwierig. Es geht nur um den Zeitfaktor. Sie müssen schnell entscheiden: Welcher Text passt?

1 Viele Leute übernachten luxuriös und können sich das nur für kurze Zeit leisten. ________
2 Mehrere kurze Pausen im Arbeitsleben sind gut für die Gesundheit. ________
3 Städtereisen mit dem Flugzeug verschlechtern die CO_2-Bilanz erheblich. ________
4 Die Arbeitgeber erlauben keine langen Urlaubszeiten. ________
5 Richtig reisen bedeutet: Zeit haben und Leute treffen. ________

a Es stimmt schon, dass immer mehr Leute den Kurzurlaub vorziehen. Sie verbringen nicht mehr einen Sommermonat am Meer, um sich richtig zu erholen, sondern sie fliegen drei- bis viermal im Jahr für eine Woche irgendwohin, wo es warm und sonnig ist. Ich glaube, das hat mit dem veränderten Arbeitsrhythmus zu tun: Viele Firmen sehen es nicht gern, dass ihre Mitarbeiter einen ganzen Monat lang unerreichbar sind.
Sara, Hannover

b Viele von meinen Freunden leisten sich an verlängerten Wochenenden gern mal einen Kurzurlaub: Sie fliegen zum Einkaufen nach London oder für einen Museumsbesuch nach Madrid. Natürlich wissen sie, dass sie damit die Umwelt viel zu stark belasten. Offensichtlich ist ihnen der Umweltschaden aber egal, weil diese Ausflüge in die große Welt so viel Spaß machen.
Hanno, Karlsruhe

c Früher sind wir im Sommer immer auf einen Campingplatz am Scharmützelsee gezogen. Wir hatten einen kleinen Wohnwagen und ich bin mit den beiden Kindern den ganzen Sommer dort geblieben. Am Wochenende und im Urlaub kam auch mein Mann zu uns und wir hatten eine herrliche Zeit. Heutzutage wollen die jungen Leute in eleganten Hotels Urlaub machen. Das ist teuer, da kann man nicht lange bleiben.
Frieda, Berlin

d Für mich sind Kurzurlaube völliger Unsinn! Warum soll ich acht Stunden lang nach New York fliegen, wenn ich nur vier Tage dortbleiben kann? In einer so kurzen Zeit kann man vielleicht ein paar Museen besuchen, aber vom Leben der Menschen erfährt man gar nichts. Man lernt keine neuen Leute kennen und man schließt keine Freundschaften. Wenn ich nur eine Woche Urlaub bekomme, dann ruhe ich mich lieber zu Hause aus.
Bernd, Hamburg

6 Noch einmal: Falsche Fährten erkennen

Lesen Sie den Text und die Aufgaben. Welche Aussage ist richtig? Kreuzen Sie an: a, b oder c?
Wie wird man glücklich?

Was die Forschung bislang herausgefunden hat: Zu einem gewissen Anteil liegt unsere Fähigkeit zum Glücklichsein in den Genen, wahrscheinlich zu fast 50 Prozent. Dazu kommt, was uns im Leben passiert und was wir daraus machen. So soll der Mensch als soziales Wesen vor allem gute Beziehungen führen. Durch Bindungen schüttet das Gehirn positive Botenstoffe wie Oxytocin aus. Menschen, die gute Freunde haben, sind zufriedener als jene, die allein sind. Das hat eine Langzeit-Glücksstudie der Harvard-Universität bewiesen. Weitere Glücksfaktoren sind Gesundheit, eine sinnvolle Tätigkeit, persönliche Freiheit, die innere Haltung und finanzielle Sicherheit.

Allerdings ist die Rolle des Geldes umstritten. Einerseits erleichtert Wohlstand das Leben, verhindert Ängste und Sorgen. Mit Geld kann man sich zwar kein Glück kaufen, aber man kann sich manches leisten, das zu mehr Zufriedenheit führt, zum Beispiel schöne Wohnungen, exotische Urlaubsreisen, teure Hobbys und gute Schulen für die Kinder. Andererseits haben amerikanische Wissenschaftler nachgewiesen, dass ein wachsendes Einkommen nur bis zu einer bestimmten Grenze Glücksgefühle verursacht. Wenn das jährliche Einkommen eines Menschen über 64 000 Euro hinausgeht, führt es nicht mehr zu größerer Zufriedenheit, weil das Leben im Reichtum schon zur Normalität geworden ist.

Wo auf der Welt besonders glückliche Menschen leben, zeigen verschiedene Rankings. Seit 2012 veröffentlichen die Vereinten Nationen einmal im Jahr den „World Happiness Report“. In diesem Jahr schaffte es Norwegen an die Spitze, gefolgt von Dänemark, Island, der Schweiz und Finnland. Das reiche Deutschland blieb auf Platz 16 – hinter den USA, Israel und Costa Rica. Am Ende befanden sich afrikanische Länder.

Die Forscher betonten, dass Glück stark mit dem Zustand der Gesellschaft und dem sozialen Umfeld verbunden sei. Solidarität, Freiheit für eigene Entscheidungen und Vertrauen in den Staat seien die wichtigsten Faktoren.

Auch die OECD, die Organisation für wirtschaftliche Zusammenarbeit, misst die Lebenszufriedenheit in den Mitgliedsstaaten. Am geringsten war sie zuletzt in Portugal und der Türkei; am höchsten in Nordeuropa, hier angeführt von Dänemark. Für Deutschland, das sich trotz seines Wohlstandes nur im mittleren Bereich befindet, lautete die Kritik: Die Bildungswege der Menschen würden zu stark vom sozialen und finanziellen Hintergrund abhängen.

In Dänemark sei das Bildungssystem viel durchlässiger und flexibler. Eine weitere Erklärung für die Zufriedenheit der Dänen sei vielleicht die skandinavische Lebensphilosophie, genannt „Hygge“. Ins Deutsche übersetzt bedeutet das so viel wie „Gemütlichkeit“. Gemeint sind gesellige Abende mit Freunden, Lesenachmittage auf dem Sofa, ein Picknick mit der Familie im Grünen. Es geht um Entspannung, um Langsamkeit und Beisammensein.

1 Ungefähr die Hälfte unserer Glücksmöglichkeiten hängt davon ab, ...
- a ☐ welche Anlagen wir von unseren Eltern erben.
- b ☐ wie viel Erfolg wir in unserem Beruf haben.
- c ☐ ob wir sinnvolle Freizeitaktivitäten ausüben.

HILFE

Kann a richtig sein? Was bedeutet hier das Wort „Anlage"? Wir erben von unseren Eltern nicht nur materielle Güter, sondern auch ...?

Kann b richtig sein? Ist bei den Glücksfaktoren im ersten Abschnitt von Beruf die Rede?

Kann c richtig sein? Was bedeutet „sinnvolle Tätigkeit"? Geht es dabei um Hobbys?

2 Amerikanische Wissenschaftler haben herausgefunden, dass ...
- a ☐ Menschen, die Millionen besitzen, auf jeden Fall glücklich sind.
- b ☐ Menschen, die im Wohlstand leben, von Ängsten gequält werden.
- c ☐ Luxus, an den man sich gewöhnt hat, nicht glücklich macht.

HILFE

Kann a richtig sein? Der Text spricht im zweiten Abschnitt von einer „Grenze für Glücksgefühle".

Kann b richtig sein? Was sagt der Text über „Sorgen und Ängste"?

Kann c richtig sein? Was passiert, wenn das Einkommen immer höher wird?

3 Die Rankings der Glücksforscher zeigen, dass ...
- a ☐ auf den ersten vier Plätzen nur skandinavische Länder stehen.
- b ☐ das Glück stark davon abhängt, ob die Leute der Regierung vertrauen.
- c ☐ das Wirtschaftswachstum des Landes der wichtigste Glücksfaktor ist.

HILFE

Kann a richtig sein? Welche Länder gehören zu Skandinavien?

Kann b richtig sein? Was sagen die Forscher im vierten Abschnitt über die „Gesellschaft"?

Kann c richtig sein? Was bedeutet „Wirtschaftswachstum"? (wachsen = größer werden, zunehmen)

4 Von Deutschland sagen die Wissenschaftler, dass ...
- a ☐ es auf der Liste der Zufriedenheit ganz vorn steht.
- b ☐ das deutsche Schulsystem die Zufriedenheit der Menschen nicht fördert.
- c ☐ die Gemütlichkeit bei den Deutschen eine große Rolle spielt.

HILFE

Kann a richtig sein? Wo steht Deutschland auf der Liste?

Kann b richtig sein? Was bedeutet hier „Hintergrund"? (im Vordergrund steht der Mensch – und woher kommt er?)

Kann c richtig sein? Geht es um die Gemütlichkeit in Deutschland?

IV Training zur Prüfung Lesen

HILFE

In Teil IV ist jeder Prüfungsteil doppelt, d. h. Sie können jeden Prüfungsteil zweimal üben.

TIPP

Um Aufgaben zum Leseverstehen zu lösen, gibt es mehrere Wege. Auf den Aufgabenblättern können Sie so viel markieren, notieren, unterstreichen, wie Sie wollen. Gerade beim Teil 1 bietet es sich an, dass man zunächst Notizen macht, welche 2 oder 3 Aussagen zur Person a passen usw. Vergessen Sie dabei aber nicht, zu jeder Aufgabe einen Buchstaben einzutragen.

A Training zu Teil 1

1 **Sie lesen in einem Forum, wie Menschen über *Mobilität im Leben* denken.**

Auf welche der vier Personen treffen die einzelnen Aussagen zu?
Die Personen können mehrmals gewählt werden.

18 Minuten

HILFE

Es gibt neun Aussagen und vier Personen:
Wahrscheinlich passen also zu jeder Person 2–3 Aussagen.
Lesen Sie die Aussagen, danach entscheiden Sie zuerst, welche Aussagen zu Person **a** passen.
Arbeiten Sie dann in dieser Art weiter.

Beispiel:

0 Wer wünscht sich Mitbestimmung bei der Wahl des Arbeitsortes? ___*c*___

1 Wer möchte in erster Linie viel Geld verdienen? ______
2 Für wen steht ein gutes Betriebsklima an erster Stelle? ______
3 Wer befürchtet, dass häufiger Ortswechsel für die Familie schwierig ist? ______
4 Wer will für die Karriere auch Schwierigkeiten akzeptieren? ______
5 Wer ist an den häufigen Ortswechsel schon von Kindheit an gewöhnt? ______
6 Wem macht es Spaß, alle drei bis vier Jahre den Wohnort zu wechseln? ______
7 Wer befürchtet, durch den Ortswechsel alte Freunde zu verlieren? ______
8 Wer findet, dass neue Erfahrungen wichtig und positiv sind? ______
9 Wer hofft, dass nur die jungen Mitarbeiter oft wechseln müssen? ______

a Eileen

Seit vier Jahren arbeite ich als Controller in einer großen europäischen Firma. In diesem Zeitraum wurde ich an drei verschiedenen Standorten eingesetzt. Ich habe auf den Philippinen gearbeitet, ich war ein Jahr in Kanada, aber am wichtigsten war für mich der erste Job in Weißrussland. In dieser ersten Zeit allein in einer fremden Umgebung habe ich wirklich mehr gelernt als in den Jahren an der Universität! Das war eine aufregende und interessante Zeit für mich. Von älteren Kollegen hört man allerdings oft, dass ihre Kinder die vielen Umzüge der Familie gehasst haben. Tatsächlich sind viele Kollegen geschieden und leben allein. Darüber denke ich oft nach, denn seit einem halben Jahr wohne ich mit meinem Partner zusammen und wir sind glücklich. Mein Partner möchte hier leben, das weiß ich.

b Lars

Mein Vater ist Diplomat, das bedeutet, dass meine Familie ständig von einem Land zum nächsten gezogen ist. Ich bin in Südafrika geboren und habe meine Kindheit in verschiedenen Ländern verbracht. Das hat mir zwar nicht immer gefallen, aber merkwürdigerweise habe auch ich einen Beruf gewählt, bei dem man sehr flexibel sein muss. Ich möchte in meinem Beruf eines Tages ganz oben stehen. Dafür muss ich einerseits in Kauf nehmen, dass auch meine Familie viel umziehen muss. Andererseits glaube ich, dass man für den Erfolg diesen Preis bezahlen muss. Auf jeden Fall wird es mir finanziell gut gehen und das finde ich wichtig, weil alles viel einfacher ist, wenn man über genügend finanzielle Mittel verfügt.

c Ahmad

Ich mache eine Ausbildung zum Mechatroniker bei einem internationalen Unternehmen. Es gefällt mir sehr gut, weil die meisten Kollegen immer bereit sind, mir schwierige Zusammenhänge zu erklären. Das ist für mich ganz wichtig, weil ich unbedingt mit Menschen zusammenarbeiten will, bei denen ich mich wohlfühle. Ich weiß, dass ich auch mal im Ausland arbeiten muss. Die Kollegen finden das gut, trotz einiger Probleme mit der fremden Sprache und dem Klima. Ich könnte mir gut vorstellen, ein paar Jahre in einer Fabrik in Polen oder Mexiko zu arbeiten. Ich möchte aber nicht einfach irgendwo hingeschickt werden. Meine Wünsche müssten auch berücksichtigt werden. Außerdem sagt der Personalchef, dass ältere Mitarbeiter normalerweise in Deutschland bleiben. Wenn das stimmt, wäre ich einverstanden.

d Jana

Schon als Kind habe ich mir gewünscht, andere Kontinente kennenzulernen. Ich wollte Afrika und Asien sehen, aber nicht als Touristin. Jetzt kann ich mit dem Deutschen Entwicklungsdienst nach Tansania gehen. Das ist mein erster Job und ich finde es toll, ein paar Jahre in einem Land zu arbeiten und dann in einem anderen. Nicht alle meine Freunde finden das gut, meine beste Freundin hat sogar geweint, als ich ihr von Tansania erzählt habe, obwohl sie doch schon lange von meinen Plänen weiß. Manchmal werde ich auch traurig, wenn ich mir vorstelle, dass ich meine Freunde jahrelang nur noch über Skype sehen kann. Vielleicht reißt unsere Verbindung dann irgendwann ab, das wäre schlimm für mich.

2 Sie lesen in einem Forum, was verschiedene junge Menschen sich für ihre Zukunft wünschen.

Auf welche der vier Personen treffen die einzelnen Aussagen zu?
Die Personen können mehrmals gewählt werden. 18 Minuten

HILFE

Es gibt neun Aussagen und vier Personen: Wahrscheinlich passen also zu jeder Person 2–3 Aussagen.
Lesen Sie die Aussagen, danach entscheiden Sie zuerst, welche Aussagen zu Person **a** passen.
Arbeiten Sie dann in dieser Art weiter.

Beispiel:

0 Wer hat gar keine Ahnung, wie die Zukunft sein wird? *a*

1 Wer wünscht sich von der Zukunft wenig Veränderung? ______
2 Für wen ist ein Umzug nicht vorstellbar? ______
3 Wer plant eine Zukunft auf einem anderen Kontinent? ______
4 Wer möchte demnächst die Großstadt verlassen? ______
5 Wer glaubt, dass er nicht viel Geld haben wird? ______

6 Wer denkt bei der Zukunftsplanung auch an seine Kinder? ______
7 Wer verlässt sich für die Zukunft völlig auf andere? ______
8 Wer glaubt, dass Fremdsprachenkenntnisse wichtig sind? ______
9 Wer macht sich Sorgen über die Situation in Europa? ______

a Bernd

Am liebsten möchte ich auch weiterhin so leben wie jetzt: interessante Seminare an der Uni, am Wochenende Freunde, im Sommer Rucksackferien in Griechenland. Ich weiß ja: „Wenn es wirklich mal schwierig wird, dann sind immer meine Eltern da!" Manchmal denke ich darüber nach, was ich nach dem Studium der Deutschen Literaturgeschichte machen will. An der Uni gibt es wenig Stellen, da es wirklich sehr viele gute Leute gibt, die schon lange auf einen Lehrstuhl warten. Natürlich könnte ich im Ausland unterrichten, deutsche Literatur wird auch im Ausland geschätzt, z. B. in Russland. Ich kann ja schon mal anfangen, Russisch zu lernen. Nein, im Ernst: Ich glaube nicht, dass es meiner Mutter gefallen würde, wenn ich nach Moskau gehen würde!

b Elise

Ich interessiere mich für Politik und denke oft über die Zukunft nach. Ich bin davon überzeugt, dass die Situation in Europa sehr schwierig ist. Wir haben viele Fehler gemacht. Ich war oft in Marokko, Tunesien und Algerien; viele Menschen dort träumen von Deutschland, weil sie glauben, dass hier das Leben für alle leicht und einfach ist. Ich habe Betriebswirtschaft studiert und ich spreche gut Englisch, Französisch und Italienisch. Das wird mir in Zukunft helfen, denn ich möchte gern in Nordafrika arbeiten, für eine deutsche Firma oder für die Entwicklungshilfe. Man muss dafür sorgen, dass die Hilfsgelder in die richtigen Kanäle fließen. Die Landwirtschaft, aber auch Handwerker und kleine Industriebetriebe müssten mehr Unterstützung bekommen. Das größte Problem ist die Jugendarbeitslosigkeit, dafür müssen sofort Ausbildungsplätze geschaffen werden.

c Milena

Meine Situation ist im Moment sehr schwierig, denn ich bin alleinerziehende Mutter und noch mitten in der Berufsausbildung zur Bankkauffrau. Mein kleiner Sohn geht seit einer Woche in die Kindertagesstätte, deshalb kann ich jetzt endlich meine Ausbildung fortsetzen. Davor habe ich ein wenig Angst, weil sich in den zwei Jahren Babypause sicher viel verändert hat. Die anderen Azubis sind jünger und müssen sich nicht um Kinder kümmern. Die Ausbildung will ich aber auf jeden Fall beenden, weil ich dann die Chance habe, einen vernünftigen Job zu finden. Ich möchte auf jeden Fall in dieser Stadt bleiben, weil ich hier Freunde habe, die mir helfen. Und mein Sohn soll eine gute Schule besuchen, das finde ich wichtig.

d Jonas

Bisher habe ich mir um die Zukunft nur wenig Sorgen gemacht. Jetzt habe ich aber mein Studium als Sozialarbeiter abgeschlossen, und da muss ich mir doch mal überlegen, was ich machen will. Es gibt für Sozialarbeiter viele Arbeitsplätze: Jugendheime, betreutes Wohnen, Stadtteilarbeit, Schulen und Kindergärten. Es bedrückt mich allerdings, dass ich wohl erstens sehr wenig verdienen werde und dass zweitens die meisten freien Stellen in Großstädten sind. Beides gefällt mir nicht besonders. Ich komme aus Schleswig-Holstein, die Studienzeit in Berlin war zwar ganz lustig, aber jetzt möchte ich doch wieder zurück „aufs Land". Natürlich ist dabei auch wichtig, dass dort die Wohnungen nicht so teuer sind. Bestimmt kann ich in einer kleineren Stadt etwas finden. Angst vor der Zukunft habe ich jedenfalls nicht.

B Training zu Teil 2

1 Sie lesen in einem Blog einen Beitrag über die *Fitness-Begeisterung der Deutschen*.

Welche Sätze passen in die Lücken? Zwei Sätze passen nicht. 12 Minuten

HILFE

Lesen Sie den ersten Abschnitt und suchen Sie sofort den passenden Satz.
Die Sätze müssen sowohl inhaltlich als auch grammatisch passen!

Danielas Sportblog

Wenn man mich fragt, was ich am Dienstag vorhabe, ist mein erster Gedanke: „Bauch und Beine!" Denn ich gehe fast jeden Tag ins Fitnessstudio und bin dem Fitness-Lifestyle komplett verfallen. (0) ______

Denn in Deutschland sind mehr als neun Millionen Menschen in einem Fitnessstudio angemeldet. Wir alle wollen perfekt sein. (1) ______ Neu ist aber, dass gesunde Ernährung, Sport und ein durchtrainiertes Äußeres „in" sind.

Fitnessblogger auf Instagram teilen ihre Erfolge und Rezepte mit hunderttausenden von Menschen, die sich „fitness family" nennen. Sie machen sich gegenseitig Komplimente für ihren neuen Rekord beim Training. Daneben lehren sie aber vor allem eins: Selbstliebe. Wir sollen uns in zweierlei Hinsicht um unseren Körper kümmern. (2) ______

Mein Aufenthalt im Fitnessstudio hat allerdings auch noch andere Gründe. (3) ______ Der Job ist ein Teil meines dualen Studiums an einer Hochschule, das neben Theorie auch Praxiserfahrung für den Berufsalltag fordert. Und so erlebe ich den Fitness-Hype aus nächster Nähe.

In unserem Studio trainieren Menschen aller Altersklassen: Studenten, Berufstätige, Mütter mit ihren Kindern und sogar Rentner. Das Schönheitsideal hat sich gewandelt. (4) ______ Ein flacher Bauch ist nicht mehr nur für Männer attraktiv und viele junge Frauen wünschen sich eher einen gut trainierten Po als eine magere Model-Figur. Ich denke genauso: Muskeln sind für mich nicht nur ein Zeichen von Stärke, sondern auch von Disziplin. (5) ______ Und wie die meisten Frauen finde ich einen durchtrainierten Mann viel attraktiver als einen dünnen Spargel-Typ.

Das Schönheitsideal könnte sich zwar eines Tages wieder ändern. Ich finde Gesundheit und Fitness wichtiger als eine schlanke Figur. So hoffe ich, dass dieser Trend eine Zukunft hat. (6) ______

Trainiert ihr auch in einem Fitnessstudio? Und was haltet ihr vom allgemeinen Fitnesswahn?

Tschüss, Daniela

Beispiel:

0 Und ich bin nicht allein.

a Weg vom dünnen Model, hin zu einem sportlichen, gesunden Äußeren.
b Das war schon immer so.
c Denn die sind für uns alle wichtig.
d Denn die darf bei all dem Körperkult nicht fehlen.
e Er gefällt mir nämlich viel besser als Computerspiele oder Kneipenbesuche.
f Es geht sowohl um gutes Aussehen als auch um Gesundheit.
g Ich arbeite dort und mache eine Ausbildung.
h Wir wollen nicht nur schlank sein, sondern auch gesund.

2 Sie lesen in einer Zeitschrift über die *Reiselust der Deutschen*.

Welche Sätze passen in die Lücken? Zwei Sätze passen nicht.

12 Minuten

HILFE

Lesen Sie den ersten Abschnitt und suchen Sie sofort den passenden Satz.
Die Sätze müssen sowohl inhaltlich als auch grammatisch passen!

Die Deutschen sind Reiseweltmeister.

Mehr als jede andere Nation geben sie jährlich für Urlaubsreisen aus. (0) 0 ______ Die Tourismusbranche in Deutschland ist damit ein bedeutender Wirtschaftsfaktor und bietet rund 2,9 Millionen Arbeitsplätze.

Auf der weltgrößten Reisemesse, der ITB in Berlin, heißt der Gewinner Deutschland. Es gibt viele attraktive Urlaubsziele überall auf der Welt und die Deutschen sehnen sich auch tatsächlich nach der Ferne, aber dann machen sie Urlaub an der Nordsee oder im Schwarzwald. (1) ______ Aber letztendlich bleiben sie doch lieber glücklich in der Heimat.

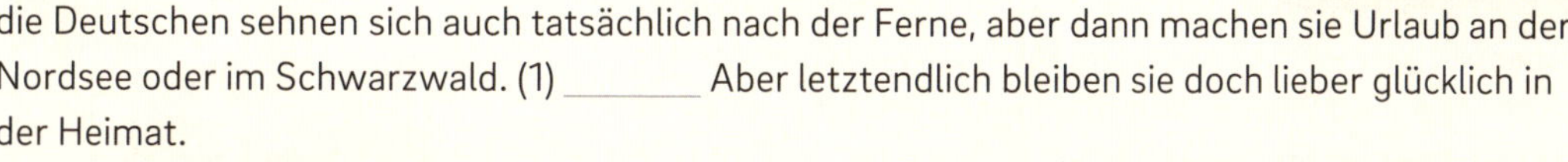

Über diese entspannten Reisegewohnheiten sagt Professor Bernd Reinburg von der Humboldt Universität Berlin: „Viele Deutsche haben Angst vor dem Urlaubsstress in fremden Ländern. Der Urlaub reduziert sich immer mehr auf eine Kopie des normalen Lebens. Es soll sein wie zu Hause, mit einer Bedingung: (2) ______!"

Und so wird das kommende Jahr auch wieder ein Rekordreisejahr. (3) ______ Dabei lautet die ebenso simple wie erfolgreiche Urlaubsformel: Sonne und Strand, dazwischen auch mal ein Mittagsschlaf am Pool, in beliebiger Reihenfolge. Die Deutschen wollen es gemütlich haben. Am wichtigsten sind Ruhe und Abschalten.

Und 62 Prozent aller Menschen in Deutschland baden im Urlaub nun mal gern im Meer, das sagt die aktuelle Reiseanalyse der Forschungsgemeinschaft *Urlaub und Reisen*. Die wichtigste Urlaubsart ist damit der Strand- und Badeurlaub nach dem Motto: „Nicht zu eintönig, aber bitte auch nicht zu anstrengend. Einmal Strand, immer Strand!" (4) ______. Das ergab eine Studie des Portals www.lastminute.de

Schon in den letzten fünf Jahren waren 77 Prozent der Bevölkerung unterwegs, d. h. fast 60 Millionen Deutsche unternehmen Urlaubsreisen. Sie wollen abschalten vom Alltag. Sie geben pro Reise und Person durchschnittlich 958 Euro aus, aber nur wenige reisen ins Ausland. (5) ______

Der Norden übertraf im letzten Jahr erstmals den Süden: (6) ______. So hatten die Feriengebiete an der Ostseeküste viel mehr Gäste als jemals zuvor und verdrängten die bayrischen Ferienorte vom Spitzenplatz. Auch die Nordsee holte auf. „Urlaub am Meer" bleibt der Bestseller!

Beispiel:

0 Es sind fast 65 Milliarden Euro.

- **a** Weniger Verpflichtungen und besseres Wetter.
- **b** 73 % der Befragten buchen sogar immer wieder denselben Urlaub.
- **c** Auch die Reiseziele im Gebirge sind sehr gefragt.
- **d** Für die meisten Deutschen ist Deutschland das beliebteste Reiseziel.
- **e** Sie träumen zwar von fernen exotischen Inseln.
- **f** Mecklenburg-Vorpommern schlägt Bayern.
- **g** Denn zwei Drittel der Deutschen wollen unbedingt verreisen.
- **h** Großstädte wie New York sind für Einkaufstrips beliebt.

C Training zu Teil 3

1 Sie lesen in einer Zeitschrift einen Artikel über *die Essgewohnheiten der Deutschen*.

Wählen Sie bei jeder Aufgabe die richtige Lösung.

12 Minuten

HILFE

Es gibt sechs Abschnitte im Text und sechs Aufgaben.
Normalerweise gibt es zu jedem Abschnitt eine Aufgabe.
Lesen Sie zuerst den ersten Abschnitt und das Beispiel.
Danach lesen Sie den nächsten Abschnitt und lösen die erste Aufgabe.
Arbeiten Sie dann in dieser Art weiter.

Hauptsache, es schmeckt!

In den Buchgeschäften liegen große Stapel von Kochbüchern, im Fernsehen gibt es Kochkurse, im Internet werden zu jedem Gericht mehrere raffinierte Rezepte angeboten. Ist Kochen in Deutschland das Hobby Nr. 1?

Essen ist für viele Deutsche zur Nebensache geworden. Nur für jeden Zweiten hat die Ernährung einen hohen Stellenwert, wie eine Umfrage zeigt. So gaben 45 Prozent der Frauen und 55 Prozent der Männer an, dass Essen in ihrem Alltag keine große Bedeutung hat. „Es gibt kein Bewusstsein mehr für gutes Essen", sagt Dr. Gardener von der Allgemeinen Krankenkasse, „und falsches Essen führt zu Krankheiten."

Bei etwa einem Drittel der Befragten läuft beim Essen der Fernseher oder Computer. „Vor allem jüngere Menschen haben in der einen Hand den Hamburger und der anderen Hand das Smartphone", beklagt Dr. Gardener. Für etwa die Hälfte der Singles und für 40 Prozent der 18- bis 25-Jährigen ist Essen nur eine Nebenbeschäftigung beim Surfen oder Chatten.

Dr. Gardener stellt fest, dass nur in jedem zweiten Haushalt täglich gekocht wird. In jeder dritten Familie wird immerhin drei- bis fünfmal pro Woche ein Essen selbst gemacht. Das bedeutet, dass bei vielen Familien der Herd oft kalt bleibt. Stattdessen kommen immer öfter Fertiggerichte auf den Tisch. Vier von zehn Menschen essen mindestens ein- bis zweimal in der Woche fertige Mahlzeiten, die man in der Mikrowelle aufwärmt.

Die meisten Deutschen essen nach dem Motto: Hauptsache, es schmeckt. 45 Prozent der Befragten legen vor allem Wert darauf, dass das Essen schmackhaft ist. Deutlich weniger, nämlich 34 Prozent, wünschen sich gesunde Kost. Etwa die Hälfte nennt fehlende Zeit und Ruhe als das größte Hindernis für eine gesunde Ernährung. Die meisten Menschen haben keine Lust, ihre Gewohnheiten zu ändern.

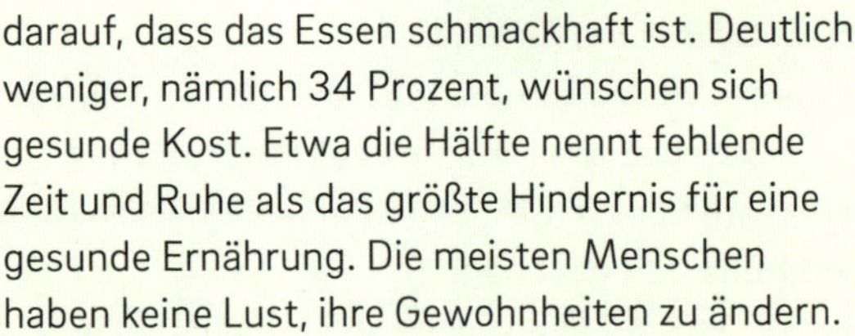

Tatsächlich fällt es vielen Menschen schwer, im Arbeitsalltag für gutes Essen zu sorgen. Gerade die Kantinen machen eine gesunde Ernährung schwierig, weil das angebotene Essen fast ausschließlich aus fettreichen Gerichten besteht. „Die Berufstätigen berichten, dass eine vernünftige Ernährung bei der Arbeit unmöglich ist", erklärt Dr. Gardener. Hauptprobleme seien ihrer Ansicht nach die begrenzte Auswahl in der Kantine und der Zeitdruck.

Viele Arbeitnehmer sagen, dass sie sich in den Arbeitspausen gern ausreichend Zeit für das Essen nehmen würden, wenn es möglich wäre. Bei 39 Prozent der Befragten werden die Arbeitspausen aber für Besprechungen und Telefonate genutzt, sodass nur wenig Zeit zum Essen bleibt. Vier von zehn Berufstätigen erzählen, dass sie bei der Arbeit nur wenig essen, dafür dann aber abends zu Hause sehr ausgiebige Mahlzeiten mit viel Fett zu sich nehmen.

Beispiel:

0 Wenn man etwas Gutes kochen möchte, ...
- a ☒ kann man sich im Internet informieren.
- b ☐ muss man an einem Kochkurs teilnehmen.
- c ☐ sollte man einen Hobbykoch fragen.

1 Ungefähr die Hälfte der Deutschen ...
- a ☐ findet es nicht wichtig, was sie jeden Tag essen.
- b ☐ glaubt, dass man durch Essen Krankheiten vermeiden kann.
- c ☐ weiß nicht, wie wirklich gutes Essen schmeckt.

2 Bei vielen jungen Deutschen ist ...
- a ☐ das Lieblingsgericht ein Hamburger.
- b ☐ die Arbeit wichtiger als das Essen.
- c ☐ der Medienkonsum beim Essen eine Gewohnheit.

3 50 % der Familien in Deutschland ...
- a ☐ benutzen gern die Mikrowelle.
- b ☐ bereiten jeden Tag eine warme Mahlzeit zu.
- c ☐ ziehen Fertigprodukte vor.

4 Ungefähr ein Drittel der Deutschen findet es wichtig, dass ...
- a ☐ das Essen lecker ist.
- b ☐ sie gesundes Essen bekommen.
- c ☐ sie in Ruhe essen können.

5 Viele Arbeitnehmer klagen darüber, dass ...
- a ☐ das Angebot in der Kantine so einförmig ist.
- b ☐ das Essen in der Kantine ihnen nicht schmeckt.
- c ☐ in der Kantine mit sehr viel Fett gekocht wird.

6 Es ist im Arbeitsalltag problematisch, wenn die Mitarbeiter ...
- a ☐ beim Mittagessen zu viel reden.
- b ☐ in der Essenspause andere Sachen erledigen.
- c ☐ mittags ein fettreiches Gericht essen.

2 Sie lesen in einer Zeitschrift einen Artikel über das *Fernsehen in Deutschland*.

Wählen Sie bei jeder Aufgabe die richtige Lösung.

12 Minuten

HILFE

Die Aufgaben sind chronologisch geordnet, d. h. dass Sie die Lösung zur ersten Aufgabe am Anfang des Textes finden. Lesen Sie zuerst den ersten Abschnitt und das Beispiel. Danach lesen Sie den nächsten Abschnitt und lösen die erste Aufgabe. Arbeiten Sie dann in dieser Art weiter.

Fernsehen in Deutschland heute

220 Minuten haben die Deutschen im vergangenen Jahr jeden Tag Fernsehen geschaut. Das ist laut „Arbeitsgemeinschaft Fernsehen" genauso viel wie vor zehn Jahren. Außerdem steigen die Erlöse aus der Fernsehwerbung. So schlecht sieht es doch für die Fernsehmacher gar nicht aus!

Noch nicht. Denn einen negativen Haken gibt es: Während die Älteren abends weiterhin brav vor dem Fernsehapparat Platz nehmen, um die Sportschau zu sehen, nutzen jüngere Menschen immer seltener das „lineare Fernsehen", also TV mit festem Zeit- und Programmplan. Besonders deutlich wird das bei den 14- bis 29-Jährigen. Sie sahen vor fünf Jahren noch circa 130 Minuten am Tag fern, jetzt sind es nur noch 115 Minuten. 15 Minuten weniger – das ist viel für die Fernsehbranche. Und der Grund ist längst klar: Mit dem Internet hat das lineare Fernsehen Konkurrenz bekommen.

Millionen Menschen werden selbst zu Programmplanern, seit Streamingdienste das selbstbestimmte Fernsehen anbieten – und spannende Serien. Auch das ist ein Trend, den viele deutsche Fernsehsender verpasst haben. Jetzt versuchen die Sender, sich den neuen Gewohnheiten anzupassen: Anstatt die Zuschauer eine Woche auf die nächste Folge der Serie warten zu lassen, zeigen einige Sender nun manchmal drei Folgen an einem Abend.

Ziemlich gut läuft der Ausbau der Online-Mediatheken: Die Serie *Club der roten Bänder* bekam 420.000 Aufrufe pro Folge. Das ZDF ging dazu über, Serien schon vor der TV-Ausstrahlung in Originalfassung online zu stellen. Das kommt gut an. Aber bisher laufen die Programme im TV immer noch sehr viel besser als online. Sogar jene, die junge Zuschauer ansprechen sollen: Die erste Folge von *Neo Magazin Royale* kam auf 910.000 Zuschauer im TV, im Internet war das viel weniger.

Beim Namen geht es los: „Wir sprechen nicht mehr vom Fernsehjournalismus, sondern vom Journalismus mit bewegten Bildern", sagt Miriam Neuner von RTL. Die Journalisten von morgen müssen nicht nur für den klassischen Sendebetrieb ausbildet werden, sondern auch für die Online-Arbeit: Inzwischen hat jeder große Fernsehsender eine Redaktion, in der Videos nur für das Internet erstellt werden. „Bei Dreharbeiten filmt der Kameramann für den Fernsehbeitrag, und der Redakteur macht ein paar Handyaufnahmen, die dann online gehen", sagt Neuner.

Werbeagenturen sind heute aufgefordert, Fernsehspots zu entwickeln, die auch im Internet funktionieren. Oftmals laufen im Netz längere Versionen der TV-Spots, das eröffnet den Werbeleuten neue Möglichkeiten: „Wir sind nicht auf 30 Sekunden beschränkt", sagt der Werbefachmann Sebastian Tarkes, „dadurch können wir die Werbebotschaft viel besser in eine Geschichte verpacken."

Beispiel:

0 Die Deutschen ...
- a ☐ haben am Fernsehen nicht mehr viel Interesse.
- b ☐ sehen heute so viel fern wie im Jahr 2000.
- c ☒ sehen pro Tag mehr als drei Stunden fern.

1 Ältere Leute in Deutschland ...
- a ☐ haben noch die Fernsehgewohnheiten von früher.
- b ☐ sehen pro Tag circa 130 Minuten fern.
- c ☐ sehen heute weniger fern als früher.

2 Jüngere Fernsehzuschauer ...
- a ☐ folgen nicht gern einem festen Fernsehprogramm.
- b ☐ interessieren sich vor allem für Sportsendungen.
- c ☐ sehen heute pro Tag mehr als zwei Stunden fern.

3 Die Fernsehsender haben zu spät verstanden, dass ...
- a ☐ ältere Menschen gern drei Filme hintereinander sehen.
- b ☐ junge Leute meistens nur amerikanische Serien sehen.
- c ☐ viele Menschen auf ihre Lieblingssendung nicht lange warten wollen.

4 Im Moment ist die Situation so, dass ...
- a ☐ die Online-Dienste der TV-Sender wenig genutzt werden.
- b ☐ junge Leute neue TV-Sendungen nur noch online sehen.
- c ☐ viele Nutzer neue Serien auch gern online anschauen.

5 In Zukunft wird es so sein, dass ...
- a ☐ alle Fernsehsender Journalisten ausbilden.
- b ☐ der Kameramann Fotos für den Online-Dienst macht.
- c ☐ TV-Journalisten auch Sendungen für das Internet machen.

6 Die Online-Dienste sind für die Werbung interessant, weil ...
- a ☐ es im Internet mehr Geld für Werbung gibt.
- b ☐ im Internet mehr Zeit zur Verfügung steht.
- c ☐ man im Internet eine neue Kundengruppe ansprechen kann.

D Training zu Teil 4

1 **Sie lesen in einer Zeitschrift Meinungsäußerungen zu *den sozialen Netzwerken im Internet*.**

Welche Äußerung passt zu welcher Überschrift? Eine Äußerung passt nicht.
Die Äußerung a ist das Beispiel und kann nicht noch einmal verwendet werden. 12 Minuten

HILFE

Lesen Sie zuerst die Überschriften und das Beispiel.
Lesen Sie danach den Text b und entscheiden Sie, welche Überschrift dazu passt.
Oder passt vielleicht keine Überschrift?
Arbeiten Sie dann in dieser Art weiter.

Beispiel:

0 Wenn man ohne Internet nicht leben kann. *a*

1 Persönliche Mitteilungen werden öffentlich bekannt. ______
2 Man weiß nicht sicher, mit wem man auf Facebook befreundet ist. ______
3 Hier interessiert man sich für deine Beiträge. ______
4 Das Smartphone ist ständiger Begleiter. ______
5 Unterstützung bekommt man nur von Freunden, die man kennt. ______
6 Im Internet geht nichts verloren. ______

Soziale Netzwerke

a *Facebook, Twitter* und Co. bestimmen unser Leben. Viele Menschen können ohne den ständigen Internet-Kontakt zu ihren Freunden nicht glücklich sein. Auf der Straße sieht man häufig Leute, die auf ihr Smartphone starren. Ohne Zweifel kann das Internet süchtig machen.
Jakob, Bern

b Wenn man auf *Instagram* ein gutes Foto postet, bekommt man fast immer sofort eine Rückmeldung. Oft ergibt sich auch ein interessanter Meinungsaustausch. Man bekommt gute Ratschläge und knüpft neue Kontakte. Wenn man seine Fotos Freunden zeigt, interessiert sich meistens niemand dafür.
Linda, Berlin

c Die meisten Nutzer von sozialen Netzwerken wollen vor allem mit ihren Freunden chatten und Fotos oder Videos teilen. Mit Internet-Diensten wie *WhatsApp* kann man ständig kostenlos in Verbindung bleiben. Man kann jederzeit erfahren, wo die Freunde gerade sind und was sie machen.
Manuel, Graz

d Wenn man oft in den sozialen Netzwerken unterwegs ist, wird man schnell zum „gläsernen Menschen". Alles, was man dort mitteilt, kann weitergegeben werden. So erfahren Versandhäuser und Werbefirmen, welche Vorlieben und Interessen wir haben. Wir geben freiwillig wichtige Informationen heraus.
Susan, Halle

e Wenn jemand stolz darauf ist, dass er bei *Facebook* 300 Freunde hat, dann soll er mal versuchen, ob einer von diesen Freunden ihm wirklich bei einem Problem hilft. Untersuchungen belegen, dass eine hohe Anzahl an Internet-Freundschaften nicht zu größerer Zufriedenheit im Leben führt.
Claudia, Hamburg

f Viele Leute geben in den sozialen Netzwerken nicht ihre wirklichen Namen und Daten an. Sie nehmen eine erfundene Identität an. So kann es passieren, dass man glaubt, mit einem Jugendlichen zu chatten, während man in Wirklichkeit einer alten Dame sehr persönliche Sachen erzählt.
Lars, Freiburg

g Alle Bilder und Informationen, die man im Internet postet oder mitteilt, werden für immer gespeichert. Ein Foto, das bei den Schulfreunden als guter Spaß gilt, kann viele Jahre später vielleicht viel Ärger verursachen. Was einmal gespeichert ist, bleibt für immer.
Paul, Leipzig

h Auf der Bank im Park, in der U-Bahn, im Wartezimmer beim Arzt, beim Spaziergang mit den Kindern – überall haben wir es bei uns. Wir wollen jederzeit erreichbar sein und uns schnell über alles informieren. Ohne mein Handy gehe ich niemals aus dem Haus. Und meine Freunde sehen das genauso.
Lisa, Erfurt

2 Sie lesen in einer Zeitschrift Meinungsäußerungen zum *Versandhandel im Internet*.

Welche Äußerung passt zu welcher Überschrift? Eine Äußerung passt nicht.
Die Äußerung a ist das Beispiel und kann nicht noch einmal verwendet werden. 12 Minuten

HILFE
Lesen Sie zuerst die Überschriften und das Beispiel. Lesen Sie danach den Text b und entscheiden Sie, welche Überschrift dazu passt. Oder passt vielleicht keine Überschrift? Arbeiten Sie dann in dieser Art weiter.

Beispiel:
0 Erstaunliche Wachstumszahlen im Internet-Versandhandel. ___a___

1 Auf dem Land verschwindet der Einzelhandel. ______
2 Das ganz normale Einkaufen hat einen hohen Spaßfaktor. ______
3 Zustelldienste erhöhen das Verkehrschaos in den Städten. ______
4 Waren einfach zurückschicken? Das ist nicht gut. ______
5 Zu bestimmten Zeiten kommen Pakete manchmal nicht pünktlich. ______
6 Auch große Teile werden ins Haus gebracht. ______

Versandhandel im Internet

a In der Zeitung habe ich gelesen, dass der Internet-Versandhandel im letzten Jahr in Deutschland um mehr als 12 % gestiegen ist, d. h. dass über den Versandhandel mehr als 52 Milliarden umgesetzt werden. Und der Trend wächst weiterhin: Der Versandhandel ist das Einkaufsverhalten der Zukunft!
Miriam, Linz

b Seit es den Internet-Versandhandel gibt, hat die Zahl der Zusteller ständig zugenommen. Die gelben und weißen Lieferwagen parken überall in der zweiten Reihe, die Straßen sind verstopft. Für uns gibt es kein Durchkommen und keine Parkplätze mehr.
Niklas, Cottbus

c Auf der Post sieht man oft viele Leute, die Pakete zurückbringen. Es sind Originalkartons von bekannten Versand-Firmen. Auf Nachfragen erfährt man: „Wenn ich Schuhe kaufe, muss ich die doch anprobieren. Und die Rücksendung ist gratis." Ich finde das nicht richtig.
Ludwig, Potsdam

d Viele Menschen kaufen Medikamente in Online-Apotheken. Die Preise sind attraktiv und die Lieferung erfolgt am Tag nach der Bestellung. Das einzige Problem ist die Kontrolle. Bei einem Online-Dienst gibt es keine Garantie über die Zusammensetzung der gelieferten Medikamente. Das könnte gefährlich sein.
Ulrike, Wolfsburg

e In vielen Dörfern schließen die Geschäfte. Es gibt keine Textilgeschäfte mehr und jetzt schließen vielerorts auch die Supermärkte. Die alten Leute gehen dadurch kaum noch aus dem Haus. Fragt man sie, wo sie einkaufen, hört man: „Das macht meine Tochter im Internet!"
Lillian, Magdeburg

f Fast jeden Tag klingelt bei mir ein Zusteller und bringt mir ein Päckchen – für die Nachbarn. Ich nehme die Pakete gern an, aber warum machen die Leute das? Wir leben in einer Großstadt, es macht Spaß, durch die Geschäfte zu bummeln! Und natürlich liefern die auch nach Hause.
Christian, Wiesbaden

g Im Internet kann man die Qualität der Waren und die Preise vergleichen. Das Angebot ist viel größer als im Einzelhandel. Außerdem werden alle Waren nach Hause geliefert, sogar eine Badewanne. Für Menschen, die als Heimwerker an ihrem eigenen Haus arbeiten, ist das ein großer Vorteil.
Vincent, Neumünster

h Am 10. Dezember habe ich ein Weihnachtspaket an meine Tochter in München abgeschickt. Auf der Post wurde mir versichert, dass es pünktlich ankommen werde. Tatsächlich kam das Paket am 10. Januar an. Als Grund für die Verspätung wurde mir gesagt, dass die Zustelldienste leider überlastet seien.
Sophie, Heidelberg

E Training zu Teil 5

1 **Sie wollen eine zusätzliche Krankenversicherung abschließen und informieren sich über die Vertragsbedingungen.**

Welche der Überschriften aus dem Inhaltsverzeichnis passen zu den Paragrafen? Vier Überschriften werden nicht gebraucht. 6 Minuten

HILFE

Lesen Sie zuerst die Überschriften und das Beispiel.
Lesen Sie danach den § 1 und entscheiden Sie, welche Überschrift dazu passt.
Arbeiten Sie dann in dieser Art weiter.

Allgemeine Versicherungsbedingungen der Kranken-Zusatzversicherung

Inhaltsverzeichnis

a Wahl des behandelnden Arztes
b ~~Die Kosten der Zusatzversicherung~~
c Leistungen bei Autounfällen
d Krankenhausaufenthalt
e Beginn des Versicherungsschutzes
f Umfang der Zusatzversicherung
g Erstattung der Kosten für Gehhilfen
h Zusatzversicherung für Familienmitglieder

Beispiel:

§ 0

Die Höhe des monatlichen oder jährlichen Beitrags zur Kranken-Zusatzversicherung ergibt sich aus dem Tarif, den der Versicherte und der Versicherer im Versicherungsvertrag festlegen.

§ 1

Die Kranken-Zusatzversicherung bietet Versicherungsschutz für Krankheiten, Unfälle und alle im Vertrag genannten Ereignisse. Versicherungsfall ist die medizinisch notwendige Heilbehandlung einer versicherten Person wegen Krankheit oder Unfallfolgen. Der Versicherungsfall umfasst die gesamte Heilbehandlung und endet, wenn eine Behandlungsbedürftigkeit nicht mehr besteht. Der Versicherungsschutz erstreckt sich auf die Heilbehandlung in Europa. Er kann durch Zusatzvereinbarungen auf außereuropäische Länder ausgedehnt werden.

______

§ 2

Der Versicherungsschutz wird zu dem im Vertrag bezeichneten Zeitpunkt wirksam, allerdings nicht vor Ablauf der Wartezeit. Die Wartezeit beträgt im Allgemeinen drei Monate. Heilbehandlungen, die in die Zeit vor dem Vertragsabschluss oder in die Wartezeit fallen, werden nicht erstattet.
Für Psychotherapie, Zahnersatz und Kieferorthopädie gilt die besondere Wartezeit von acht Monaten.
In besonderen Fällen kann die Wartezeit erlassen werden, wenn ein ärztliches Zeugnis über den Gesundheitszustand vorgelegt wird.

______

§ 3

Art und Höhe der Versicherungsleistungen ergeben sich aus dem im Vertrag festgelegten Tarif. Folgendes ist zu beachten:
Der Versicherte kann unter den niedergelassenen Ärzten und Zahnärzten frei wählen.
Bei Psychotherapie wird die Versicherungsleistung gezahlt, wenn es sich um einen Facharzt mit einer der folgenden Qualifikationen handelt: Facharzt für Psychotherapie, Psychiater und Psychotherapeut, Facharzt für psychotherapeutische Medizin.

______

2 Sie wollen ein Paket über einen privaten Paketdienst schicken und informieren sich über die allgemeinen Vertragsbedingungen.

Welche der Überschriften aus dem Inhaltsverzeichnis passen zu den Paragrafen? Vier Überschriften werden nicht gebraucht.

6 Minuten

HILFE

Lesen Sie zuerst die Überschriften und das Beispiel.
Lesen Sie danach den § 1 und entscheiden Sie, welche Überschrift dazu passt.
Arbeiten Sie dann in dieser Art weiter.

Regelung für Paket-Zusteller beim Mobilen Paket-Dienst (mPD)

Inhaltsverzeichnis

a Ein zweiter Versuch für die Zustellung des Paketes.
b Zusätzliche Service-Angebote.
c Hilfsangebote, wenn ein Paket verloren geht.
d ~~Es klappt nicht immer beim ersten Mal.~~
e Liste der Packstationen in Ihrer Region.
f Rücksendung von zugestellten Paketen.
g Zustellung des Paketes beim Nachbarn.
h Beschädigte Waren in zugestellten Paketen.

Beispiel:

§ 0

Ein Zusteller arbeitet nicht 24 Stunden am Tag, Empfänger sind nicht die ganze Zeit zu Hause. Bei einem wachsenden Paketvolumen ist es nicht verwunderlich, dass Pakete nicht immer beim ersten Zustellversuch ankommen. Die Paketdienste arbeiten mit verschiedenen Strategien und Serviceangeboten.

§ 1

Die Zusteller von mPD versuchen bei Abwesenheit der Empfänger, die Pakete bei einem Ersatzempfänger in der Nähe abzugeben. So soll die Zustellung beim ersten Versuch gelingen. Als Information legen die Paketboten eine Benachrichtigungskarte in den Hausbriefkasten des Empfängers.

______

§ 2

Wenn der Zusteller keinen Ersatzempfänger findet, so geht das Paket an die nächstgelegene Postfiliale oder in Einzelfällen an eine Packstation. Wenn das Paket an eine Packstation geht, so ist auf der Benachrichtigungskarte ein Strichcode aufgedruckt. Über diesen können Kunden das Paket abholen, ohne dass sie bereits für den Packstation-Service registriert sind. Sie können jedoch auch einen zweiten Zustellversuch beauftragen. Die Telefonnummer dafür befindet sich auf der Karte. Die Empfänger können den zweiten Zustellversuch auch online beauftragen.

______

§ 3

Der Service von mPD kann über eine Registrierung bei *mobil.paket.de* erweitert werden. Dadurch können Empfänger verstärkt Einfluss auf die Zustellung nehmen. Zum Service gehört dann laut mPD ein Wunschtermin für die Zustellung, die Abgabe in der Wunschfiliale oder bei einem bevorzugten Wunschnachbarn.

______

V Simulation: Goethe-Zertifikat B2 Lesen

Lesen

Zeit: 65 Minuten

Das Modul *Lesen* hat fünf Teile. Sie lesen mehrere Texte und lösen Aufgaben dazu. Sie können mit jeder Aufgabe beginnen. Für jede Aufgabe gibt es nur eine richtige Lösung.

Vergessen Sie bitte nicht, Ihre Lösungen innerhalb der Prüfungszeit auf den **Antwortbogen** zu schreiben.

Bitte schreiben Sie deutlich und verwenden Sie keinen Bleistift.

Wörterbücher und Mobiltelefone sind nicht erlaubt.

Teil 1

vorgeschlagene Arbeitszeit: 18 Minuten

Sie lesen in einem Forum, was Menschen über das Thema *Familie und Beruf* denken. Auf welche der Personen treffen die einzelnen Aussagen zu? Die Personen können mehrmals gewählt werden.

Beispiel:
0 Wer hat sich früher Kinder gewünscht? **Lösung: a**

1 Wer erzählt gern von seiner glücklichen Kindheit?

2 Wer bleibt während des Elternurlaubs in Kontakt mit seinen Kollegen?

3 Wer findet die Stunden im Büro erholsam?

4 Wer ist sich nicht sicher, ob es gut ist, wenn beide Eltern zur Arbeit gehen?

5 Wessen Eltern machen sich Sorgen um die Zukunft?

6 Wer hat Angst davor, eine Familie zu gründen?

7 Für wen ist das Leben durch die unterschiedlichen Kinder anstrengend?

8 Bei wem ist der Familienalltag ganz anders geregelt als in der Kindheit?

9 Wer findet es in Ordnung, dass die Mutter keine Babypause macht?

a Manuela

Alle jungen Mädchen wünschen sich eine ideale Welt: einen gut verdienenden Ehemann, zwei reizende Kinder und die Mutter arbeitet halbtags in einem schicken Büro. Als 15-Jährige hatte ich auch solche Träume, die Wirklichkeit ist anders. Ich bin nicht verheiratet, obwohl ich inzwischen 32 bin. Mindestens zweimal im Monat fragen meine Eltern, was ich denn aus meinem Leben machen will. Seit einem Jahr lebe ich mit meinem Freund zusammen. Wir arbeiten, wir haben eine schöne Wohnung, wir sind glücklich – außer, wenn wir über Kinder sprechen! Ich weiß, dass mein Freund sich eine Familie wünscht. Ich weiß aber nicht, wie das gehen soll, weil ich bisher noch nie einen festen Arbeitsvertrag hatte. Mein Freund arbeitet als Freelancer in der IT-Branche, und er ist oft in Osteuropa unterwegs. Im letzten Monat habe ich ihn kaum gesehen, das ist doch kein Familienleben!

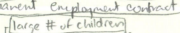

b Philipp

Ich komme aus einer kinderreichen Familie. Wir Kinder fanden es toll, aber meine Mutter war wohl oft sehr müde: Fünf Kinder, die ständig irgendwelche Probleme hatten. Wir dachten, es sei selbstverständlich, dass unsere Mutter zu Hause war, wenn wir aus der Schule kamen. Immer wenn ich über meine Kindheit spreche, lachen meine Freunde und sagen, dass so ein Familienleben heute unmöglich ist. Tatsächlich ist meine Situation auch nicht so wie früher, im Gegenteil. Ich bin 45 Jahre alt, verheiratet, und wir haben einen kleinen Jungen, der morgens die Grundschule besucht und danach in der Kindertagesstätte bleibt. Wir arbeiten beide Vollzeit, deshalb ist die Familie nur abends und am Wochenende zusammen. Ich weiß nicht, ob das gut oder schlecht ist, aber für meine Frau und mich ist der Beruf eben sehr wichtig.

c Mario

Für mich war immer klar, dass die Familie mir wichtiger ist als Erfolg im Beruf. Wir haben zwei Töchter von zwei und vier Jahren, und ich habe die Elternzeit in Anspruch genommen. Meine Frau ist eine engagierte Lehrerin, die sehr an ihren Schülern hängt, deshalb wollte sie so schnell wie möglich zurück in die Schule. Ich arbeite als Steuerberater in einer großen Agentur. Mein Chef findet es wohl nicht gut, dass ich eine so lange unbezahlte Pause mache, weil er meinen Arbeitsplatz nur mit Volontären besetzen kann. Ich treffe mich ziemlich oft mit meinem Team und dann denke ich, dass es auch schön sein wird, wieder im Büro zu sein. Unsere größere Tochter ist jetzt im Kindergarten. Im nächsten Jahr, wenn auch die Kleine mitgeht, dann werde ich sehr zufrieden zu meinem Beruf zurückkehren.

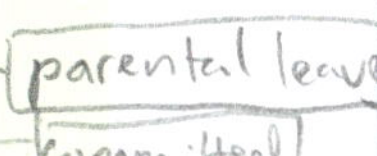

d Tanja

Wenn ich meine Freundinnen über ihre Familienprobleme sprechen höre, dann geht es meistens um Ärger mit Jugendlichen. Die drei Kinder in meiner Familie sind noch im Grundschulalter, meine Tochter ist sechs und die Zwillinge von meinem Lebenspartner sind neun. Eigentlich sollte unser Zusammenleben einfach sein: Frühstück, Schule, Kindertagesstätte, Abendessen. Aber so ist es nicht. Morgens will meine Tochter nichts essen und die beiden Jungs haben keine Lust zum Aufstehen. Mein Partner fährt morgens sehr früh zur Arbeit, sodass ich die Kinder allein zur Schule bringen muss. Es geht nie ohne Streit und ich bin total erschöpft, wenn ich im Büro ankomme. Die Arbeitszeit empfinde ich als angenehm, da schreit und streitet wenigstens niemand. Am Nachmittag holt mein Partner die Kinder ab und abends essen wir zusammen. Danach sind wir beide todmüde, die drei süßen Kleinen aber leider nicht!

Teil 2

vorgeschlagene Arbeitszeit: 12 Minuten

Sie lesen in einer Zeitschrift über die Freundschaft zwischen Männern und Frauen. Welche Sätze passen in die Lücken? Zwei Sätze passen nicht.

Können Frauen und Männer Freunde sein?

Denken Sie jetzt mal an Ihre fünf besten Freunde. An die Menschen, mit denen Sie offene Gespräche führen können, bei denen Sie sich immer wohlfühlen. Wenn Sie ein Mann sind: Wie viele davon sind Frauen? Wenn Sie eine Frau sind: (0) ___

Richtig, die wenigsten. Etwa 90 Prozent unserer Freunde sind uns nicht nur ähnlich, wenn es um Interessen und Werte geht. (10) ___

Warum das so ist und ob das vielleicht auch gut ist, erforschen Wissenschaftler erst seit einigen Jahren. Männer und Frauen können Freunde sein. (11) ___ Dennoch sind diese Verbindungen eher selten und viele Menschen stehen solchen Freundschaften kritisch gegenüber.
Mann + Frau = Freunde – kann das wirklich funktionieren? Die Forschung zeigt: So ganz einfach ist das tatsächlich nicht!
Männer und Frauen haben unterschiedliche Ansprüche an eine Freundschaft. Das zeigt eine Studie aus dem Jahr 2015. (12) ___ Dabei wurde klar, dass Frauen mehr Wert auf Vertrauen, Offenheit und Zusammengehörigkeit legen. In Männerfreundschaften zählt neben der Zugehörigkeit zu einer Gruppe auch, ob der andere etwas zu bieten hat: (13) ___

Schon im Schulalter beginnen die Unterschiede. Für Mädchen sind Freundschaften wichtiger als für Jungen. Sie haben Vertrauen zu ihrer besten Freundin und Freundschaften bedeuten starke positive Gefühle. Das ist bei den Jungen anders, da stehen gemeinsame Aktivitäten im Vordergrund. (14) ___ Deshalb ist es verständlich, wenn Frauen die Freundschaft mit einem Mann etwas oberflächlich finden. Dagegen sagen Männer oft, dass eine gute Freundin einem im Notfall wirklich helfen würde.

Im Film enden Freundschaften zwischen Frauen und Männern gern mit einer romantischen Liebesbeziehung. Das ist im wirklichen Leben anders: Zwar fühlen sich Männer oft auch sexuell von einer Freundin angezogen, die Frauen empfinden das aber als störend. Wenn romantische Gefühle in der Freundschaft aufkommen, wird die Beziehung kompliziert. (15) ___ Frauen erwarten von einem Freund das Gleiche wie von einer Freundin: offen reden, zusammen sein, sich wohlfühlen. Das sollten die Männer wissen – und akzeptieren.

Beispiel:

0 Wie viele davon sind Männer?

a Die Wissenschaftler haben mehr als 8 800 Personen analysiert.

b Freunde sollen vor allem viel Zeit für mich haben.

c Sie haben auch das gleiche Geschlecht.

d Das ist bei Frauen nicht erwünscht.

e Davon sind alle überzeugt.

f Das hat den Leuten aber nicht gefallen.

g Dieses Muster ändert sich im Erwachsenenalter nicht mehr.

h Ist der Freund wohlhabend, fit, attraktiv oder intelligent?

Teil 3

vorgeschlagene Arbeitszeit: 12 Minuten

Sie lesen in einer Zeitung einen Artikel über Privatschulen in Deutschland. Wählen Sie bei jeder Aufgabe die richtige Lösung.

Gibt es einen Platz für Benni?

In ein paar Monaten muss Benni in eine neue Schule gehen. Die letzten sechs Jahre hat er die Grundschule in der Nachbarschaft besucht, zusammen mit den Freunden, die er schon vom Kindergarten kennt.

Eigentlich möchte Benni am liebsten auch in Zukunft jeden Morgen den Schulweg zusammen mit Marisa und Navid zurücklegen. Schließlich gibt es in seinem Berliner Stadtviertel ein staatliches Gymnasium, wo seine Freunde schon angemeldet sind. Und damit könnte die Sache für Benni klar sein.

Seine Eltern sehen die Situation aber etwas anders: Ihrer Meinung nach ist Benni in den Naturwissenschaften besonders begabt, deshalb möchten sie, dass er auf diesem Gebiet gefördert wird. Nach längeren Gesprächen mit dem Schulleiter des Gymnasiums glauben sie, dass diese Art der Förderung dort nicht möglich sein wird. Natürlich könnte er am Nachmittag Privatunterricht bekommen, aber dann würde er sich in den Mathematikstunden wahrscheinlich langweilen. Vernünftiger wäre deshalb eine MINT-Schule: Mathematik, Informatik, Naturwissenschaft, Technik.

Solche Schulen gibt es in Berlin, aber sie fangen mit dem MINT-Programm erst in der Oberstufe an, also in den letzten drei Jahren. Damit sind aber viele Eltern nicht zufrieden, weil sie glauben, dass gerade die ersten Jahre auf dem Gymnasium besonders wichtig sind. Die Kinder sollen auch in den ersten Jahren vor allem Mathematik und Physik lernen, obwohl das eventuell bedeutet, dass andere Fächer etwas vernachlässigt werden, zum Beispiel die musischen Fächer. Oder auch die Fremdsprachen.

Pädagogen sehen diese einseitige Talentförderung eher skeptisch: Die Möglichkeiten der Kinder, sich individuell zu entwickeln, werden stark eingegrenzt. Sie werden nach den Vorstellungen der Eltern geformt – und das geht nicht immer gut aus. Wenn statt der Interessen des Kindes nur die Wünsche von Vater und Mutter berücksichtigt werden, dann kann das leicht in die falsche Richtung führen. Die Schüler verlieren die Lust am Lernen und das Ergebnis sind traurige Kinder und schlechte Noten.

Benni sieht die Pläne seiner Eltern auch sehr skeptisch, aber aus ganz anderen Gründen: Die private Schule, die seine Eltern schließlich gefunden haben, ist nicht nur ziemlich weit von ihrer Wohnung entfernt, sondern der Unterrichtsplan sieht auch dreimal pro Woche Arbeitsgruppen am Nachmittag vor. Das würde bedeuten, dass er seine alten Freunde nur noch am Wochenende treffen könnte. Die Schule und die Lehrer findet er ganz nett, aber er kennt dort niemanden, und das macht ihm Angst.

Die Diskussionen der Eltern bewegen sich auf ganz anderen Bahnen: Wie sollen sie die Privatschule finanzieren? Das Schulgeld richtet sich nach dem Einkommen der Eltern, trotzdem wird der monatliche Beitrag ein großes Loch in ihr Familienbudget reißen. Wenn Benni ein Stipendium bekommen könnte, müssten sie viel weniger bezahlen. Aber dafür müsste er am Anfang eine Prüfung machen und auch später immer sehr gute Leistungen zeigen. Ziemlich viel Stress für einen Jungen von zwölf Jahren!

Beispiel:

0 Benni soll ...

a ☐ auch weiterhin die Grundschule besuchen.
b ☒ demnächst die Schule wechseln.
c ☐ sich neue Freunde suchen.

16 Benni möchte ...

a ☐ das Gymnasium in der Nachbarschaft zuerst kennenlernen.
b ☐ ein besonderes Gymnasium besuchen.
c ☐ weiterhin mit seinen Freunden zur Schule gehen.

17 Bennis Eltern denken, dass ...

a ☐ Benni Nachhilfeunterricht in Mathe bekommen soll.
b ☐ eine andere Schule für ihren Sohn besser wäre.
c ☐ ihr Sohn in allen Fächern hochbegabt ist.

18 Viele Eltern haben den Wunsch, dass ...

a ☐ alle Schulfächer gleichmäßig berücksichtigt werden.
b ☐ der Unterricht sich nach den individuellen Interessen der Kinder richtet.
c ☐ die Naturwissenschaften von Anfang an intensiv unterrichtet werden.

19 Nach Meinung der Pädagogen ...

a ☐ ist die individuelle Entwicklung der Schüler nebensächlich.
b ☐ kann man Schüler leicht nach den Wünschen der Eltern formen.
c ☐ muss man die Interessen der Schüler ernst nehmen.

20 Benni ist mit der Privatschule nicht einverstanden, weil ...

a ☐ der Schulweg so lang ist.
b ☐ er dort keine Freunde hat.
c ☐ er sich vor den Lehrern fürchtet.

21 Das Schulgeld an einer Privatschule ...

a ☐ bedeutet für die Schüler lebenslangen Stress.
b ☐ hängt davon ab, wie viel die Eltern verdienen.
c ☐ ist für die meisten Deutschen zu teuer.

Teil 4

vorgeschlagene Arbeitszeit: 12 Minuten

Sie lesen in einer Zeitschrift Meinungsäußerungen zum Extremsport.
Welche Äußerung passt zu welcher Überschrift? Eine Äußerung passt nicht.
Die Äußerung a ist das Beispiel und kann nicht noch einmal verwendet werden.

Beispiel:

0 Extremsport fördert das Wohlbefinden. **Lösung: a**

dependency

22 Extreme Erfahrungen können zur Abhängigkeit führen. f

23 Manchmal ist Extremsport nur ein Mittel zum Geldverdienen. h

24 Manche Bergsteiger gefährden sich selbst und andere. b

25 Extreme Abenteuer stärken die Persönlichkeit. d

26 An bestimmten Sportereignissen kann nicht jeder teilnehmen. c

27 Auch früher haben Menschen extreme Sportarten betrieben. g

Extremsport

a In vielen Großstädten finden jedes Jahr Marathonläufe statt, bei denen Tausende von Männern und Frauen mitlaufen. Wenn man sie fragt, warum sie das machen, bekommt man immer wieder die Antwort, dass die körperliche Anstrengung glücklich macht. Das ist sicherlich ein gutes Argument für die Teilnahme.
Sabine, Erfurt

b Immer wieder liest man in der Zeitung, dass Extremsportler im Gebirge verunglücken: Sie stürzen ab, sie sind verletzt, sie erfrieren. Die Rettungsaktionen sind aufwendig und teuer, sie sind sehr gefährlich für die Helfer und sie sind keineswegs immer erfolgreich. Das ist doch unsinnig!
Ayse, Stuttgart

c In Berlin soll demnächst ein Mammut-Marsch stattfinden: 100 Kilometer in 24 Stunden. Bisher haben sich 2 500 Menschen um die Teilnahme beworben. Jeder von ihnen muss bei der Anmeldung ein ärztliches Attest vorlegen, in dem bestätigt wird, dass der Bewerber für diesen Event fit genug ist.
Sven, Berlin

d Ein Coach in München versucht, seine Seminar-Teilnehmer für Extrem-Sportarten zu begeistern. Selbst von ängstlichen IT-Experten verlangt er, dass sie zum Bungee-Jumping mitkommen und sich fröhlich in die Tiefe stürzen. Der Coach ist überzeugt, dass dadurch positive Charakterkräfte und Führungsqualitäten frei werden.
Marie, München

e Einige Extrembergsteiger berichteten nach der Besteigung des Nanga Parbat in Pakistan, dass sie bei der Übernachtung auf circa 7 000 m Höhe merkwürdige Erfahrungen gemacht hatten: Sie sahen Leute vorbeigehen, sie hörten Autos und Musik, sie vernahmen Essensgeruch. Bewirkt wird dies durch den Höhenrausch.
Mark, Heidelberg

f Jedes Jahr sterben Menschen beim Basejumpen. Dabei geht es darum, mit einem Spezial-Fallschirm von hohen Gebäuden, z. B. von Kirchtürmen, zu springen. Der Fallschirm öffnet sich erst nach einiger Zeit, das Wichtige bei dieser Sportart ist das Erlebnis des freien Falls. Dieses Erlebnis wird oft zur Sucht.
Achim, Münster

g Auf Madeira, Portugal, kann man in jedem Sommer die Küstenkletterer beobachten. Junge Leute klettern kilometerweit auf 17 m Höhe an den Klippen entlang und springen schließlich ins Meer. Diese Tradition gab es unter den Inselbewohnern schon immer, jetzt kommen auch Touristen. Sie nennen es „Coasteering".
Julie, Nürnberg

h In Süddeutschland wird auf einer Fläche von 900 qm ein Extrem-Hindernisfeld aufgebaut. Da muss man klettern, schwimmen, springen, kriechen – und am Ende muss man auch noch teuer dafür bezahlen. Warum gehen die Leute nicht einfach in die Berge? Da ist es auch schwierig, aber wenigstens ist es gratis!
Söder, Hannover

Teil 5

vorgeschlagene Arbeitszeit: 6 Minuten

Sie sind in einer deutschen Tageseinrichtung und lesen die Kindertagesstätten-Ordnung. Welche der Überschriften aus dem Inhaltsverzeichnis passen zu den Paragrafen? Vier Überschriften werden nicht gebraucht.

Benutzungsordnung der städtischen „Kita im Birkengrund"

Inhaltsverzeichnis

a Aufnahme
b Elternbeitrag
c ~~Aufgaben der Tagesstätte~~
d Aufsicht
e Kündigung
f Regelungen in Krankheitsfällen
g Öffnungszeiten und Schließungen
h Versicherung

Beispiel:

§ 0
Die städtischen Tageseinrichtungen sind Lebens- und Bildungsorte für alle Kinder im vorschulischen Alter und im Grundschulalter. Sie erfüllen den gesetzlichen Auftrag der Bildung, Erziehung und Betreuung von Kindern und deren Förderung zu eigenverantwortlichen Persönlichkeiten.

c

§ 28
Die städtischen Tageseinrichtungen nehmen entsprechend ihren Platzkapazitäten und der im Rahmen der örtlichen Bedarfsplanung alle Kinder auf, die mit Hauptwohnsitz in dieser Stadt gemeldet sind, im Alter von sechs Monaten bis zum vollendeten 10. Lebensjahr, in besonderen Situationen bis zum vollendeten 12. Lebensjahr. Die Leitung der Tagesstätte ist nach § 35 dieser Benutzungsordnung berechtigt, die benötigten Sachverhalte zu erfragen, schriftliche Nachweise anzufordern und, soweit erforderlich, zu überprüfen.

______

§ 29
Die Eltern (Personensorgeberechtigten) können das Vertragsverhältnis mit einer Frist von vier Wochen zum Monatsende schriftlich beenden.
Wenn das Kind von der Tagesstätte in die Schule überwechselt, bedarf es keiner Kündigung. Das Vertragsverhältnis endet dann mit Ablauf des Kindergartenjahres, d. h. mit Ablauf des 31. 08. eines Jahres.

______

§ 30
Das Kindergartenjahr beginnt am 1. September und endet am 31. August des darauffolgenden Jahres.
Die Tageseinrichtung veröffentlicht Kernzeiten für den täglichen Besuch. Kann ein Kind die Tagesstätte nicht besuchen, so ist diese unverzüglich zu benachrichtigen.
Die Tagesstätte soll regelmäßig von Montag bis Freitag besucht werden, mit Ausnahme der gesetzlichen Feiertage, Schließtage und bei außerordentlicher Schließung.

______

Antwortbogen Lesen

Teil 1				
1	A ☐	B ☐	C ☐	D ☐
2	A ☐	B ☐	C ☐	D ☐
3	A ☐	B ☐	C ☐	D ☐
4	A ☐	B ☐	C ☐	D ☐
5	A ☐	B ☐	C ☐	D ☐
6	A ☐	B ☐	C ☐	D ☐
7	A ☐	B ☐	C ☐	D ☐
8	A ☐	B ☐	C ☐	D ☐
9	A ☐	B ☐	C ☐	D ☐

Teil 2								
10	A ☐	B ☐	C ☐	D ☐	E ☐	F ☐	G ☐	H ☐
11	A ☐	B ☐	C ☐	D ☐	E ☐	F ☐	G ☐	H ☐
12	A ☐	B ☐	C ☐	D ☐	E ☐	F ☐	G ☐	H ☐
13	A ☐	B ☐	C ☐	D ☐	E ☐	F ☐	G ☐	H ☐
14	A ☐	B ☐	C ☐	D ☐	E ☐	F ☐	G ☐	H ☐
15	A ☐	B ☐	C ☐	D ☐	E ☐	F ☐	G ☐	H ☐

Lösungen 1–15: ☐☐ Punkte

Teil 3			
16	A ☐	B ☐	C ☐
17	A ☐	B ☐	C ☐
18	A ☐	B ☐	C ☐
19	A ☐	B ☐	C ☐
20	A ☐	B ☐	C ☐
21	A ☐	B ☐	C ☐

Teil 4								
22	A ☐	B ☐	C ☐	D ☐	E ☐	F ☐	G ☐	H ☐
23	A ☐	B ☐	C ☐	D ☐	E ☐	F ☐	G ☐	H ☐
24	A ☐	B ☐	C ☐	D ☐	E ☐	F ☐	G ☐	H ☐
25	A ☐	B ☐	C ☐	D ☐	E ☐	F ☐	G ☐	H ☐
26	A ☐	B ☐	C ☐	D ☐	E ☐	F ☐	G ☐	H ☐
27	A ☐	B ☐	C ☐	D ☐	E ☐	F ☐	G ☐	H ☐

Lösungen 16–27: ☐☐ Punkte

Teil 5								
28	A ☐	B ☐	C ☐	D ☐	E ☐	F ☐	G ☐	H ☐
29	A ☐	B ☐	C ☐	D ☐	E ☐	F ☐	G ☐	H ☐
30	A ☐	B ☐	C ☐	D ☐	E ☐	F ☐	G ☐	H ☐

Lösungen 28–30: ☐☐ Punkte

Gesamtergebnis Lesen: ☐☐ Punkte

Modul Hören

I Informationen zur Prüfung Goethe-Zertifikat B2 Hören

Die **Prüfung Hören** besteht aus vier Teilen und dauert circa 40 Minuten. Sie hören mehrere Texte und lösen Aufgaben dazu. Lesen Sie jeweils zuerst die Aufgaben und hören Sie dann den Text. Für jede Aufgabe gibt es nur eine richtige Lösung.

Vergessen Sie bitte nicht, Ihre Lösungen in der Prüfung auf den Antwortbogen zu übertragen. Dazu haben Sie nach dem Modul Hören fünf Minuten Zeit.

Wörterbücher und Mobiltelefone sind nicht erlaubt.

Übersicht über die einzelnen Prüfungsteile

Teil	Texte	Aufgaben	Ziel
1	Sie hören fünf Gespräche und Äußerungen (Ankündigungen und Mitteilungen) aus dem Alltag. Sie hören jeden Text **einmal**.	Sie lösen zu jedem Text zwei Aufgaben und markieren bei der ersten Aufgabe **Richtig** oder **Falsch** und bei der zweiten Aufgabe jeweils **a**, **b** oder **c**.	Sie zeigen, dass Sie das Thema erkennen und die wichtigsten Aussagen verstehen können (global/selektiv).
2	Sie hören im Radio ein Interview mit einer Persönlichkeit aus der Wissenschaft. Sie hören den Text **zweimal**.	Sie lösen insgesamt sechs Aufgaben und markieren jeweils **a**, **b** oder **c**.	Sie zeigen, dass Sie bestimmte, auch implizite Informationen im Detail verstehen können (selektiv).
3	Sie hören im Radio ein Gespräch mit mehreren Personen. Sie hören den Text **einmal**.	Sie lösen insgesamt sechs Aufgaben und markieren jeweils **a**, **b** oder **c**.	Sie zeigen, dass Sie den Sprechern bestimmte Meinungen zuordnen können (global/detailliert).
4	Sie hören einen kurzen Vortrag. Sie hören den Text **zweimal**.	Sie lösen insgesamt acht Aufgaben und markieren jeweils **a**, **b** oder **c**.	Sie zeigen, dass Sie die wichtigsten Aussagen im Detail verstehen können (detailliert).

II Einstieg zum Hören

A Global hören – Situation und Thema: Die Hauptaussage erkennen

1 Die Situation mithilfe von Schlüsselwörtern erkennen

HILFE

Schritt für Schritt
Wenn Sie kurze Alltagstexte hören, ist es wichtig, dass Sie verstehen, um welche Situation es sich handelt und was das Thema ist.

Dabei können Ihnen folgende Leitfragen helfen:
1 Wo könnte die Situation spielen?
2 Handelt es sich um eine eher private oder um eine öffentliche Situation?
3 Wer sind die Sprechenden? Wie viele sind es?
4 Was ist das Thema?

Oft gibt uns schon die Aufgabenstellung erste Hinweise auf die Situation. Lesen Sie die Aufgaben deshalb immer ganz genau und markieren Sie wichtige Wörter, sogenannte Schlüsselwörter, die Ihnen helfen, die Situation und das Thema besser einzuordnen.

a Lesen Sie die Aufgaben 1 und 2 und markieren Sie zuerst nur die Schlüsselwörter wie im Beispiel.

1 Die junge Frau bittet den Mann um sein Auto. Richtig Falsch
2 Kann die junge Frau das Auto bekommen?
a ☐ Ja, aber es geht erst eine Woche später.
b ☐ Ja, sie kann es jederzeit haben.
c ☐ Nein, denn der Mann braucht das Auto selbst.

b Was denken Sie, was könnte die Situation in a sein? Kreuzen Sie an.

a ☐ Die junge Frau und der Mann diskutieren über Autos.
b ☐ Die junge Frau und der Mann handeln einen Termin aus.
c ☐ Die junge Frau und der Mann streiten sich um ein Auto.

1 **c Hören Sie jetzt den Text und entscheiden Sie sich für eine Lösung in a und b. Vergleichen Sie dann mit dem Lösungsschlüssel.**

HILFE

Hat Ihnen das Markieren geholfen? Das Markieren von Schlüsselwörtern ist eine wichtige Strategie im Umgang mit Hörtexten. Sie hören dann im Text zwar meistens nicht genau dasselbe Wort, aber ein Synonym oder eine Umschreibung. Zudem hilft Ihnen das Markieren von Schlüsselwörtern, erste Vermutungen zum Thema und zur Situation aufzubauen. So können Sie Ihre Vorerfahrungen und Ihr Vorwissen zum Thema nutzen.

d Lesen Sie die Aufgaben 1 und 2 und markieren Sie die Schlüsselwörter.

1 Die junge Frau hat vor, demnächst Urlaub zu machen. Richtig / Falsch

2 Weshalb wäre ein Urlaub sinnvoll?
- a ☐ Sie denkt seit Langem an Urlaub.
- b ☐ Sie hat seit Jahren keinen Urlaub mehr gemacht.
- c ☐ Sie ist völlig überarbeitet.

e Was denken Sie, was ist die Situation in d? Kreuzen Sie an.

- a ☐ Die junge Frau bittet den Mann um Hilfe.
- b ☐ Der junge Mann gibt der Frau einen Rat.
- c ☐ Die junge Frau spricht mit dem Mann über ihre Wünsche.

2 **f Hören Sie jetzt den Text und entscheiden Sie sich für eine Lösung in d und e. Vergleichen Sie dann mit dem Lösungsschlüssel.**

2 Die Situation mithilfe von Redemitteln verstehen

HILFE

Neben einzelnen Wörtern können auch Redemittel (feste Ausdrücke für die Kommunikation) hilfreich sein, um zu erkennen, welche Absicht oder welches Ziel die Sprechenden haben.

1–2 **a Hören Sie die beiden Texte noch einmal. Welche der folgenden Redemittel haben Sie gehört? Kreuzen Sie an.**

- a ☐ Ich wollte dich fragen, ob ...
- b ☐ Ich würde mir wünschen, dass ...
- c ☐ Wäre es doch so, dass ...
- d ☐ Wie wäre es, wenn du ...?
- e ☐ Könntest du bitte ...
- f ☐ An deiner Stelle würde ich ...

b Ordnen Sie die Redemittel aus a den drei Sprechhandlungen in die Tabelle ein. Vergleichen Sie dann mit dem Lösungsschlüssel.

Um etwas bitten	Einen Rat geben	Wünsche äußern
a,		

B Selektiv und detailliert hören – bestimmte Informationen genau verstehen

HILFE

Schritt für Schritt
Auch für längere Texte gilt, dass Sie sich zunächst fragen:
- Um welche Situation handelt es sich (Vortrag, Präsentation, Radioreportage, Interview)?
- Wie viele Personen sprechen?
- Wer sind die Personen / welche Funktion haben die Personen / welchen Beruf haben die Personen?
- Was ist das Thema?

Da es hier darum geht, einzelne Informationen möglichst genau zu verstehen, ist es wichtig zu erkennen, in welchem Kontext die Schlüsselwörter stehen, das heißt, welche Adjektive, Partikel usw. dazugehören, z. B. *Alternativen – bequemere Alternativen.*

a Lesen Sie die Situation und die Aufgaben 1 bis 6 und markieren Sie die Schlüsselwörter. Markieren Sie auch wichtige Wörter im Kontext dieser Schlüsselwörter (eventuell andere Farbe).

Situation: Im Radio hören Sie ein Interview mit einer Expertin zum Thema *Mobilitätskonzepte für die Zukunft.*

1 Wir brauchen in Zukunft flexiblere Ideen für Mobilität, ...
a ☐ damit wir immer schneller von A nach B kommen.
b ☐ denn die Städte stehen vor einem Verkehrskollaps.
c ☐ weil es bequemere Alternativen zum Auto gibt.

2 Welche Idee steckte bisher hinter dem Wort „Mobilität"?
a ☐ Der Individualverkehr wird gefördert.
b ☐ Der Verkehrspolitik geht es um umweltgerechte Mobilität.
c ☐ Die Verkehrsteilnehmer sollen bequem an ihrem Ziel ankommen.

3 Car-Sharing-Angebote sind eine sinnvolle Alternative zum Auto, ...
a ☐ da sie günstiger sind als ein eigenes Fahrzeug.
b ☐ obwohl dieses System noch nicht richtig funktioniert.
c ☐ weil dieses System verschiedene Konzepte bietet.

4 Bei Mobilitätskonzepten sollte man ...
a ☐ sich auf die größeren Städte konzentrieren.
b ☐ Stadt und Land grundsätzlich getrennt behandeln.
c ☐ zwischen Bevölkerungsgruppen unterscheiden.

5 Was ist bei den erwähnten Car-Sharing-Angeboten ein wichtiger Punkt?
a ☐ Die Zahl der Autos nimmt kurzfristig ab.
b ☐ Die Zahl der Autos nimmt kurzfristig zu.
c ☐ Die Zahl der Autos nimmt langfristig zu.

6 Welche Beispiele für andere flexible Konzepte nennt Frau Wegner?
a ☐ Fahrrad-Verleih und spezielle Angebote.
b ☐ individuelle Groß- und Sammeltaxis für bedürftige Personengruppen.
c ☐ Transportmittel für ältere Menschen zur Stadtmitte.

3 **b Hören Sie jetzt den Text und entscheiden Sie sich für eine Lösung. Vergleichen Sie dann mit dem Lösungsschlüssel.**

C Selektiv und detailliert hören – den Sprechenden bestimmte Meinungen zuordnen

HILFE

Schritt für Schritt
In der Prüfung sollten Sie den Sprechenden einzelne Meinungen oder Standpunkte zuordnen können. Dabei hilft oft schon die Intonation oder Tonhöhe, um zu erkennen, ob er/sie eine positive oder eher negative Meinung zu einem bestimmten Themenaspekt hat. Zusätzlich geben uns Ausrufe wie *ach, ah, oh* eine Hilfe.

Da die Interviews und Reportagen in der Regel so angelegt sind, dass kontrovers diskutiert wird, sollten Sie bereits beim Lesen der Aufgaben kontrastierende Standpunkte markieren.

a Lesen Sie die Aufgaben 1 bis 6 und markieren Sie die Schlüsselwörter.

Situation: Sie hören im Radio eine Diskussion mit zwei Gästen über den *Führerschein für Hundebesitzer.*

1 Es gibt Forderungen nach Ausbildungsmaßnahmen für Hundebesitzer.
a ☐ Moderatorin b ☐ Jolanda Reese c ☐ Oliver Sturz

2 Er/Sie findet, dass Hundebesitzer wenig über den Umgang mit ihrem Tier wissen.
a ☐ Moderatorin b ☐ Jolanda Reese c ☐ Oliver Sturz

3 Gesetzliche Regeln sind keine Garantie dafür, dass sich die Situation verbessert.
a ☐ Moderatorin b ☐ Jolanda Reese c ☐ Oliver Sturz

4 Auch wer keinen Hund hat, sollte über diese Tiere informiert sein.
a ☐ Moderatorin b ☐ Jolanda Reese c ☐ Oliver Sturz

5 Er/Sie fragt sich, ob viele Hundebesitzer durch Informationsangebote erreicht werden.
a ☐ Moderatorin b ☐ Jolanda Reese c ☐ Oliver Sturz

6 Hunde haben ein Recht darauf, von ihrem Besitzer gut behandelt zu werden.
a ☐ Moderatorin b ☐ Jolanda Reese c ☐ Oliver Sturz

b Lesen Sie nun die Standpunkte noch einmal. Was meinen Sie? Welche Standpunkte passen inhaltlich zueinander? Gibt es Unterschiede in den Standpunkten? Markieren Sie und machen Sie am Rand Notizen.

1 Es gibt Forderungen nach Ausbildungsmaßnahmen für Hundebesitzer.
2 Er/Sie findet, dass Hundebesitzer wenig über den Umgang mit ihrem Tier wissen.
3 Gesetzliche Regeln sind keine Garantie dafür, dass sich die Situation verbessert.
4 Auch wer keinen Hund hat, sollte über diese Tiere informiert sein.
5 Er/Sie fragt sich, ob viele Hundebesitzer durch Informationsangebote erreicht werden.
6 Hunde haben ein Recht darauf, von ihrem Besitzer gut behandelt zu werden.

4 **c Hören Sie jetzt den Text und lösen Sie die Aufgaben in a: Wer hat das gesagt? Wer hat diese Meinung? Kreuzen Sie an. Vergleichen Sie dann mit dem Lösungsschlüssel.**

D Global und detailliert hören – die wichtigsten Aussagen im Detail verstehen

HILFE

Schritt für Schritt
Bei diesem Aufgabentyp werden Ihnen die wichtigsten Schlüsselwörter meistens schon in der Aufgabe präsentiert. Kleine Wörter, wie z. B. Adjektive, Adverbien, Gradpartikel und Negationswörter verändern die Aussage dann aber zum Teil erheblich.

a Lesen Sie die Aufgaben und markieren Sie kleine Wörter (siehe oben „Schritt für Schritt").

Situation: Sie hören einen Vortrag zum Thema *Feiertagsstress abbauen.*

1 Feiertagsstress bedeutet, dass wir ...
- a ☐ am Ende überhaupt kein Gefühl mehr haben.
- b ☐ das Gefühl haben, nicht alles schaffen zu können.
- c ☐ das Gefühl haben, niemals etwas schaffen zu können.

2 Wer oder was ist verantwortlich für den Stress?
- a ☐ Die Gäste sind verantwortlich.
- b ☐ Niemand ist verantwortlich.
- c ☐ Wir selbst sind verantwortlich.

3 Was meint Frau Kiros mit „Delegieren Sie die Aufgaben an andere!"?
- a ☐ Man sollte selbst nichts machen.
- b ☐ Man sollte selbst nur wenig machen.
- c ☐ Man sollte sich helfen lassen.

4 Es finden sich immer Menschen, die helfen ...
- a ☐ aber man muss sie suchen.
- b ☐ auch wenn sie keine Lust haben.
- c ☐ wenn man sie freundlich bittet.

5 Frau Kiros rät davon ab, ...
- a ☐ für eine Feier Rezepte auszuprobieren.
- b ☐ im Wohnzimmer Experimente zu machen.
- c ☐ nur den eigenen Herd zu benutzen.

6 Was ist bei Hochzeiten durchaus üblich?
- a ☐ Man engagiert einen Reinigungsservice.
- b ☐ Man macht die Organisation nicht selbst.
- c ☐ Man macht die Organisation selbst.

7 Welche Beispiele nennt Frau Kiros für „Profis"?
- a ☐ Manager und Kochfrau.
- b ☐ Manager und Reinigungsservice.
- c ☐ Reinigungsservice und Koch/Köchin.

8 Was ist das Besondere der Kochfrau bei ihrer Schwester?
- a ☐ Sie kocht auch ohne Ausbildung ausgezeichnet.
- b ☐ Sie kocht besser als ein Koch oder eine Köchin.
- c ☐ Sie kocht nur, weil man sie zur Feier einlädt.

5 **b Hören Sie jetzt den Text und lösen Sie die Aufgaben. Was ist richtig: a, b oder c? Kreuzen Sie an. Vergleichen Sie dann mit dem Lösungsschlüssel.**

Modul Hören

III Übungen zum Hören

A Global hören – Situation und Thema: Die Hauptaussage erkennen

6–10 **Lesen Sie die Situationen A bis G und hören Sie die Alltagstexte 1 bis 5. Welcher Text passt jeweils? Kreuzen Sie an. Achtung: Zwei Situationen und Themen passen nicht.**

	Text 1	Text 2	Text 3	Text 4	Text 5
A Im Radio wird darüber berichtet, wie man seine Pläne am besten umsetzen kann.	☐	☐	☐	☐	☐
B Im Radio wird darüber berichtet, wie schnell man bei Winterwetter mit dem Auto unterwegs sein darf.	☐	☐	☐	☐	☐
C Im Radio wird darüber berichtet, was bei Winterwetter im Straßenverkehr zu berücksichtigen ist.	☐	☐	☐	☐	☐
D Einer Person wird davon abgeraten, bei schlechtem Wetter mit dem Auto zu fahren.	☐	☐	☐	☐	☐
E Eine Person wird gebeten, jemanden aus dem Freundeskreis mit dem Auto mitzunehmen.	☐	☐	☐	☐	☐
F Eine Person kann nicht zur Party kommen, da sie verreisen möchte und jemand sie mit dem Auto mitnehmen kann.	☐	☐	☐	☐	☐
G Eine Person soll eine weitere Person um Rat fragen.	☐	☐	☐	☐	☐

B Selektiv und detailliert hören – bestimmte Informationen genau verstehen

Sie hören im Folgenden ein Interview mit einem Biologen zum Thema „Mikroplastik".

a **Welche W-Fragen würden Sie zum Thema „Mikroplastik" stellen? Die Bilder helfen Ihnen.**

Was ist ______________________________

Wo ______________________________

W ______________________________

W ______________________________

b **Was vermuten Sie? Was könnte der Biologe zu diesem Thema sagen? Schreiben Sie ein bis zwei Sätze.**

____

____

11 c **Hören Sie den Text und vergleichen Sie mit Ihren Vermutungen. Ergänzen Sie gegebenenfalls Ihre Antworten in a und b.**

11 **d Hören Sie den Text ein zweites Mal. In welcher Reihenfolge werden die folgenden Fragen erwähnt? Nummerieren Sie und vergleichen Sie dann mit dem Lösungsschlüssel.**

____ A Wie lässt sich Mikroplastik vermeiden?
____ B Wie ist die Forschungssituation?
____ C Wo findet man im Alltag Mikroplastik?
____ D Wie wirkt Mikroplastik auf den Menschen?
____ E Was ist Mikroplastik?

e Erinnern Sie sich? Was wird im Text gesagt? Kreuzen Sie an. Es ist immer nur eine Lösung richtig.

1 Bei Mikroplastik handelt es sich um Kunststoffteilchen, ...
a ☐ die man normalerweise kaum sehen kann.
b ☐ die nicht kleiner als fünf Millimeter sind.
c ☐ die sich in wenigen Produkten finden.

2 Wo findet man Mikroplastik im Alltag?
a ☐ In Mitteln für eine intensive Hautreinigung.
b ☐ In Kosmetikprodukten wie Peelings.
c ☐ In Reinigungsmitteln für den Haushalt.

3 Wie können Plastikteilchen zum Risiko für die Menschheit werden?
a ☐ Man kann ihre Verbreitung nicht stoppen, und so bleiben sie überall in den Weltmeeren.
b ☐ Sie gelangen durch die Anwendung von Hautcremes in den Körper.
c ☐ Sie gelangen über den Verzehr von Fischen in das menschliche Blut.

4 Wie sieht es in Bezug auf die Forschung zum Thema Mikroplastik und Gesundheit aus?
a ☐ Die Wissenschaft ist sich einig über die Schädlichkeit von Mikroplastik auf die Gesundheit.
b ☐ Es gibt viel zu wenig Geld für wissenschaftliche Untersuchungen auf diesem Gebiet.
c ☐ Man kennt die Wirkungsweise von Mikroplastik ziemlich genau.

5 Was kann man gegen Mikroplastikmüll tun?
a ☐ Man kann alternative Substanzen in Kosmetika verwenden.
b ☐ Man kann Mikroplastik im Meer in großer Tiefe entsorgen.
c ☐ Man sollte keinen Plastikmüll auf Schiffen transportieren.

6 Was ist die Voraussetzung, um die Situation zu verändern?
a ☐ Ersatzstoffe dürfen keine umweltschädigenden Effekte haben.
b ☐ Es muss nur einen starken Willen für Veränderungen geben.
c ☐ Man muss viel Fantasie entwickeln.

11 **f Hören Sie den Text schließlich ein drittes Mal und korrigieren Sie gegebenenfalls Ihre Antworten.**

HILFE
Sie können auch mit der Texttranskription vergleichen und/oder mit dem Lösungsschlüssel arbeiten.

C Selektiv und detailliert hören – den Sprechenden bestimmte Meinungen zuordnen

Sie hören im Folgenden ein Gespräch im Radio mit zwei Gästen zum Thema „Die Rückkehr der Wölfe in die deutschen Wälder".

a Lesen Sie die Meinungen A bis E. Person 2 hat die Meinung A. Welche Aussage könnte noch zu Person 2 passen? Was glauben Sie? Kreuzen Sie an. Welche Meinungen könnte dann Person 3 haben? Und was könnte zu Person 1 passen?

HILFE

Denken Sie daran, dass Meinungen in der Regel zusammenpassen.

	Person 1 ______	Person 2 ______	Person 3 ______
A Wölfe haben von Natur aus Respekt vor dem Menschen. ☺		X	
B Die Bauern hätten schon viel früher unterstützt werden müssen. ☹			
C Es gibt Hinweise, dass nicht alle Wölfe vor Menschen davonlaufen. ☹			
D Paarungen zwischen Wolf und Hund könnten zu Problemen führen. ☹			
E Die Rückkehr der Wölfe nach Deutschland ist sehr positiv zu beurteilen. ☺			

🔊 12 **b Hören Sie den Text ein erstes Mal und vergleichen Sie mit Ihren Zuordnungen. An welcher Stelle sind Sie eventuell überrascht? Warum?**

🔊 12 **c Hören Sie den Text ein zweites Mal und wählen Sie die richtige Lösung a, b oder c. Kreuzen Sie an.**

1 Wölfe haben von Natur aus Respekt vor dem Menschen.
a ☐ Moderatorin b ☐ Anke Hoffmann c ☐ Matthias Wimmer

2 Die Bauern hätten schon viel früher unterstützt werden müssen.
a ☐ Moderatorin b ☐ Anke Hoffmann c ☐ Matthias Wimmer

3 Es gibt Hinweise, dass nicht alle Wölfe vor Menschen davonlaufen.
a ☐ Moderatorin b ☐ Anke Hoffmann c ☐ Matthias Wimmer

4 Paarungen zwischen Wolf und Hund könnten zu Problemen führen.
a ☐ Moderatorin b ☐ Anke Hoffmann c ☐ Matthias Wimmer

5 Die Rückkehr der Wölfe nach Deutschland ist sehr positiv zu beurteilen.
a ☐ Moderatorin b ☐ Anke Hoffmann c ☐ Matthias Wimmer

6 Man sollte versuchen, das Thema wirklich ernst zu nehmen.
a ☐ Moderatorin b ☐ Anke Hoffmann c ☐ Matthias Wimmer

d Tragen Sie dann die Namen der Personen in die Tabelle in a ein.

e Vergleichen Sie Ihre Lösungen aus c mit dem Lösungsschlüssel.

f Lesen Sie die folgenden Redemittel bzw. Sätze 1–7 aus dem Hörtext. Was bedeuten Sie in dem Zusammenhang des Hörtextes? Kreuzen Sie an. Vergleichen Sie dann mit dem Lösungsschlüssel.

1 Oh ja, die sind gar nicht mehr zu übersehen!
a ☐ Bestätigung b ☐ Widerspruch c ☐ Aufforderung

2 Da kann ich nur sagen, dass ...
a ☐ Bestätigung b ☐ andere Meinung c ☐ Zweifel

3 Lässt sich das so pauschal sagen?
a ☐ andere Meinung b ☐ Zweifel c ☐ Zustimmung

4 Da handelt es sich sicher nur um Einzelfälle.
a ☐ Einschränkung b ☐ Zustimmung c ☐ Zweifel

5 Ich denke, wir sollten uns darüber freuen, dass ...
a ☐ Aufforderung zu einer positiven Meinung b ☐ Aufforderung zum gemeinsamen Handeln c ☐ ironischer Einwand

6 Wir müssen alles im Auge behalten.
a ☐ Aufforderung zur Vorsicht b ☐ Aufforderung, gemeinsam hinzusehen. c ☐ Aufforderung, etwas für die Augen zu tun.

7 Es besteht kein Grund zur Panik.
a ☐ Beruhigung b ☐ Aufforderung c ☐ Desinteresse

g Vergleichen Sie mit dem Lösungsschlüssel.

D Global und detailliert hören – die wichtigsten Aussagen im Detail verstehen

Sie hören im Folgenden einen Text zum Thema „Durch gesunde Ernährung zu mehr Lebensqualität".

a Was fällt Ihnen zu dem Stichwort/Thema „Ernährung" ein? Notieren Sie Ihre Ideen in einem Assoziogramm.

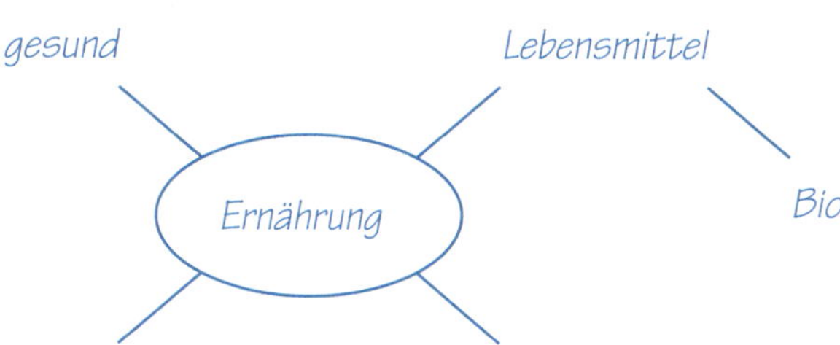

b Überlegen Sie dann: Wie könnte man durch Ernährung mehr Lebensqualität erlangen? Notieren Sie Ihre Ideen.

gesunde Lebensmittel, ...

c Lesen Sie die Aufgaben 1 bis 8. Unterstreichen Sie die Antwort, die Ihrer Meinung nach richtig ist.

1 „Gesunde Ernährung" heißt für viele, dass sie ...
- a ☐ abends nichts mehr essen dürfen.
- b ☐ die meisten Dinge nicht essen dürfen.
- c ☐ nichts mehr essen dürfen, was gut schmeckt.

2 Wer sich gesund ernährt, der ...
- a ☐ kann mehr leisten.
- b ☐ schläft länger.
- c ☐ sieht sportlich aus.

3 Durch gesunde Ernährung kann man Geld sparen, weil ...
- a ☐ man mit gesunden Lebensmitteln kleinere Portionen kochen kann.
- b ☐ man weniger oft essen muss und weniger Lebensmittel braucht.
- c ☐ nur noch kleine Zwischenmahlzeiten braucht.

4 Um aus Obst und Gemüse gute Speisen zu machen, ...
- a ☐ kann man einfache Rezepte aus Kochbüchern nachkochen.
- b ☐ muss man ein guter Koch oder eine gute Köchin sein.
- c ☐ sollte man zu Hause viele verschiedene Rezepte ausprobieren.

5 Man kann sich mit dem Thema intensiver beschäftigen, indem man ...
- a ☐ Kochkurse besucht.
- b ☐ sich über Kochworkshops informiert.
- c ☐ viel darüber diskutiert.

6 In Kochseminaren und Workshops kann man ...
- a ☐ Erfahrungen mit anderen Teilnehmern austauschen.
- b ☐ mit Fachleuten für gesundes Essen sprechen.
- c ☐ neue Kräuter und Gewürze kennenlernen.

7 Die Gefahr, in alte Essgewohnheiten zurückzufallen, sinkt, wenn wir ...
- a ☐ immer wieder neue Rezepte ausprobieren.
- b ☐ uns gegenseitig unterstützen und beraten.
- c ☐ uns längere Zeit gesund ernähren.

8 Es wirkt sich positiv auf die Lebenszufriedenheit aus, wenn wir ...
- a ☐ immer wieder auch neue Kontakte knüpfen.
- b ☐ insgesamt ruhig und zufrieden sind.
- c ☐ viele Freunde und Bekannte haben.

13 **d Hören Sie dann den Text und wählen Sie die richtige Lösung a, b oder c. Kreuzen Sie an.**

e Vergleichen Sie Ihre Lösungen mit dem Lösungsschlüssel und korrigieren Sie gegebenenfalls Ihre Antworten.

TIPP

Denken Sie daran: Nicht Ihre Meinung und/oder Ihr Weltwissen ist gefragt: Konzentrieren Sie sich auf die Meinung, die Sie im Text hören.

f Vergleichen Sie die Lösungen mit Ihren Vermutungen. Was stimmt überein? Was ist anders?

IV Training zur Prüfung Hören

HILFE
In Teil IV ist jeder Prüfungsteil doppelt, d. h. Sie können jeden Prüfungsteil zweimal üben.

TIPP
Kreuzen Sie immer eine Lösung an! Auch dann, wenn Sie nicht sicher sind.

A Training zu Teil 1

1 Übungstexte 1

14

a Sie hören fünf Gespräche und Äußerungen. Sie hören jeden Text *einmal*. Zu jedem Text lösen Sie zwei Aufgaben. Wählen Sie bei jeder Aufgabe die richtige Lösung. Lesen Sie jetzt das Beispiel. Dazu haben Sie 15 Sekunden Zeit.

TIPP
Lesen Sie die Aufgaben ganz genau!

Beispiel:

01 Der jungen Frau hat der Konzertabend überhaupt nicht gefallen. Richtig ☒ Falsch
02 Welche Aspekte werden angesprochen?
- a ☐ Das Orchester und der Preis.
- b ☒ Die Akustik und der Raum.
- c ☐ Die Musik und die Instrumente.

1 Der Mann fragt, wann er das Buch zurückgeben soll. Richtig Falsch
2 Welche Meinung hat die Frau dazu?
- a ☐ Er kann es behalten, weil sie es nicht gut findet.
- b ☐ Er soll es zurückgeben, weil sie es noch braucht.
- c ☐ Sie meldet sich, wenn es jemand anderes braucht.

3 Im Interview geht es um die Kündigung einer Mietwohnung. Richtig Falsch
4 Weshalb kann die Frau dort noch länger wohnen bleiben?
- a ☐ Der Vermieter hat keinen Grund, zu kündigen.
- b ☐ Der Vermieter lässt sie noch länger wohnen.
- c ☐ Die Kündigung ist erst in zehn Jahren möglich.

5 Das Mädchen wusste schon immer, welcher Beruf für sie passt. Richtig Falsch
6 Weshalb überlegt sie, Mülldesignerin zu werden?
- a ☐ Sie interessiert sich für Mülltrennung.
- b ☐ Sie mag kreatives Handwerken.
- c ☐ Sie mag technische Abfallprodukte.

7 Ein Moderator spricht über die Wirkung von Knoblauch. Richtig Falsch
8 Was steht im Mittelpunkt seiner Ausführungen?
- a ☐ Die Durchführung einer Studie.
- b ☐ Gesundheitliche Aspekte.
- c ☐ Unangenehme Folgen des Knoblauchverzehrs.

9 Zwei Frauen sprechen über einen gemeinsamen Filmabend. Richtig Falsch
10 Warum möchte die eine Frau zu Hause bleiben?
- a ☐ Filme gehen ihr momentan auf die Nerven.
- b ☐ Sie braucht am Abend Zeit, um sich zu erholen.
- c ☐ Sie muss abends für ihr Studium arbeiten.

b Vergleichen Sie Ihre Lösungen mit dem Lösungsschlüssel.

Modul Hören

2 Übungstexte 2

15

a Sie hören fünf Gespräche und Äußerungen. Sie hören jeden Text *einmal*. Zu jedem Text lösen Sie zwei Aufgaben. Wählen Sie bei jeder Aufgabe die richtige Lösung. Lesen Sie jetzt das Beispiel. Dazu haben Sie 15 Sekunden Zeit.

TIPP

In der Prüfung werden die Aufgaben Prüfungsteil Hören durchnummeriert: 1–30. 0 bzw. 01 und 02 sind immer die Nummern von den Lösungsbeispielen. Das erinnert Sie noch einmal daran, wie die Aufgabe funktioniert.

HILFE

Im Training hören Sie hier kein Beispiel.

1 Die Frau war schon einmal in einer Theatergruppe. Richtig / Falsch

2 Wird sie bei einem Stück mitspielen?
- a ☐ Ja, sie wird sicher eine gute Rolle bekommen.
- b ☐ Nein, es wird kein Stück gespielt.
- c ☐ Vielleicht, und dann wird die Rolle geteilt.

3 Alte Dinge darf man nicht am Straßenrand entsorgen. Richtig / Falsch

4 Was kann man tun, um sie noch zu verschenken?
- a ☐ Man kann sie beim Müllcontainer abladen.
- b ☐ Man muss sie zum Wertstoffhof bringen.
- c ☐ Man sollte Interessenten übers Internet suchen.

5 Der Junge möchte wissen, was im Kurs gelaufen ist. Richtig / Falsch

6 Bekommt er die gewünschten Informationen?
- a ☐ Ja, eine Freundin hat gute Mitschriften.
- b ☐ Nein, keiner seiner Freunde war im Kurs.
- c ☐ Nein, niemand hat Mitschriften gemacht.

7 Es ist keine Straftat, ohne Ticket Bus zu fahren. Richtig / Falsch

8 Welcher Meinung sind einige Experten?
- a ☐ Die Tickets sollten günstiger sein.
- b ☐ Man sollte mehr Freiheitsstrafen geben.
- c ☐ Die Leute suchen zu viel Abenteuer.

9 Die Frau will sich an der Uni in Melbourne bewerben. Richtig / Falsch

10 Warum kann ihr Partner mit ihr nach Australien ziehen?
- a ☐ Er hat dank seiner Großmutter keine Geldprobleme.
- b ☐ Er hat einen erfolgreichen Roman über eine Erbschaft geschrieben.
- c ☐ Er hat seinen Job verloren, weil er an einem Roman arbeitet.

b Vergleichen Sie Ihre Lösungen mit dem Lösungsschlüssel.

B Training zu Teil 2

1 Übungstext 1

16 **a Sie hören im Radio ein Interview mit einer Persönlichkeit aus der Wissenschaft. Sie hören den Text *zweimal*. Wählen Sie bei jeder Aufgabe die richtige Lösung. Lesen Sie jetzt die Aufgaben 11 bis 16. Dazu haben Sie 90 Sekunden Zeit.**

TIPP
Im Prüfungsteil 2 gibt es kein Beispiel. Die Aufgaben haben die Nummern 11 bis 16.

Hörtexte sind oft redundant, das heißt, wichtige Informationen wiederholen sich! Werden Sie also nicht nervös, wenn Sie ein Wort nicht verstehen.

11 Unter „Sanftem Tourismus" ist ein Konzept zu verstehen, das ...
a ☐ die Kultur des Reiselandes in den Mittelpunkt stellt.
b ☐ über ökologische Aspekte hinausgeht.
c ☐ vor allem den Naturschutz berücksichtigt.

12 Wer „sanft" reisen will, sollte bereit sein, ...
a ☐ der Kultur der Menschen im Gastland zu vertrauen.
b ☐ seine eigene Kultur im Gastland zu vertreten.
c ☐ über seine kulturellen Verhaltensweisen nachzudenken.

13 Was ist das Besondere an dem Buch von Herrn Weiß?
a ☐ Man lernt etwas über die eigene Kultur.
b ☐ Man lernt etwas über die Leute des Reiselands.
c ☐ Man lernt fremde Kulturen Schritt für Schritt kennen.

14 An welchen Leserkreis wendet sich Herr Weiß mit seinem Buch?
a ☐ An alle, die gern anspruchsvolle Reiseführer lesen.
b ☐ An Kulturinteressierte, die etwas über andere Länder erfahren wollen.
c ☐ An Touristen, die etwas Besonderes erleben wollen.

15 Das Buch von Herrn Weiß ...
a ☐ enthält einen großen praktischen Teil.
b ☐ führt den Leser schrittweise an wissenschaftliche Methoden heran.
c ☐ ist anspruchsvoll und eher theoretisch.

16 Das nächste Buch von Herrn Weiß ...
a ☐ beschreibt, wie man in den verschiedenen deutschen Regionen übereinander denkt.
b ☐ berichtet über die Vorurteile zwischen Ost- und Westdeutschen.
c ☐ soll dazu beitragen, die deutschen Regionen besser zu verstehen.

b Vergleichen Sie Ihre Lösungen mit dem Lösungsschlüssel.

2 Übungstext 2

17

a Sie hören im Radio ein Interview mit einer Persönlichkeit aus der Wissenschaft. Sie hören den Text *zweimal*. Wählen Sie bei jeder Aufgabe die richtige Lösung. Lesen Sie jetzt die Aufgaben 11 bis 16. Dazu haben Sie 90 Sekunden Zeit.

TIPP

Konzentrieren Sie sich beim Hören auf wesentliche Informationen. Achten Sie dabei auch auf Erklärungen, Wiederholungen, die durch Ausdrücke wie „Das heißt …", „So …", und ähnliche eingeleitet werden.

11 Viele Menschen gehen in die Berufsberatung, …
- a ☐ um herauszufinden, welcher Beruf für sie passt.
- b ☐ um sich über neue Berufsbilder zu informieren.
- c ☐ weil sie sich umschulen lassen möchten.

12 Viele Berufe sind nicht neu, aber man muss sein bisheriges Wissen …
- a ☐ mit neuen Kompetenzen verbinden.
- b ☐ mit neuen technischen Mitteln anwenden.
- c ☐ durch neue Technologien erweitern.

13 Welcher andere Faktor spielt neben der Digitalisierung für neue Berufe eine Rolle?
- a ☐ Der Wandel der Industrie in den westlichen Ländern.
- b ☐ Die generelle Änderung der Welt in den letzten 25 Jahren.
- c ☐ Die Verschiebung der Altersstruktur in der Gesellschaft.

14 Nostalgologen können älteren Menschen ein Gefühl der Vertrautheit geben, …
- a ☐ indem sie Wohnungen in einem früheren Stil einrichten.
- b ☐ weil sie Innenarchitekten in Seniorenheimen sind.
- c ☐ weil sie sich in verschiedenen stilistischen Epochen auskennen.

15 Was ist das Besondere an dem Beruf des Nostalgologen?
- a ☐ Sie kennen sich auf mehreren Gebieten gut aus.
- b ☐ Sie sind Spezialisten im Bereich der Architektur.
- c ☐ Sie verbinden Architektur mit Geschichte und Soziologie.

16 Künftig müssen die meisten Menschen …
- a ☐ auf mehreren Gebieten Grundkenntnisse haben.
- b ☐ Spezialisten auf ihrem Gebiet sein.
- c ☐ über ein größeres Wissen verfügen als heute.

b Vergleichen Sie Ihre Lösungen mit dem Lösungsschlüssel.

C Training zu Teil 3

1 Übungstext 1

18 **a Sie hören im Radio ein Gespräch mit mehreren Personen. Die Personen sprechen über „Kleingartenkultur" in der Stadt. Sie hören den Text *einmal*. Wählen Sie bei jeder Aufgabe: Wer sagt das? Lesen Sie jetzt die Aufgaben 17 bis 22. Dazu haben Sie 60 Sekunden Zeit.**

TIPP

Es sprechen immer drei Personen miteinander, ein Mann und zwei Frauen bzw. zwei Männer und eine Frau. Sie finden im Beispiel immer ein Foto dieser Personen und die Namen dazu. Achten Sie beim Hören auch auf den Klang ihrer Stimmen: Mann/Frau, jung/alt, hell/dunkel usw. Im Text werden die Gesprächspartner von der Moderatorin bzw. dem Moderator oft angesprochen. Achten Sie daher besonders auf die Moderation, damit Sie immer wissen, *wer* gerade spricht.

TIPP

Die Aufgaben im Prüfungsteil 3 haben die Nummern 17 bis 22.

Die Aufgabe 0 ist das Beispiel. Das erinnert Sie noch einmal daran, wie die Aufgabe funktioniert, und zeigt Ihnen, wer spricht.

Beispiel:

0 Gartenvereine gibt es schon lange.

a ☐ Moderatorin b ☒ Angelika Arnoldt c ☐ Leonhard Schwarzer

17 Immer mehr Menschen wollen in den Großstädten leben.
a ☐ Moderatorin b ☐ Angelika Arnoldt c ☐ Leonhard Schwarzer

18 Zur gemeinsamen Nutzung der Gartenanlage gab es verschiedene Ansichten.
a ☐ Moderatorin b ☐ Angelika Arnoldt c ☐ Leonhard Schwarzer

19 Wie viel und was man anbauen darf, dazu gibt es Vorschriften.
a ☐ Moderatorin b ☐ Angelika Arnoldt c ☐ Leonhard Schwarzer

20 Die Familie möchte auf selbst produziertes Obst und Gemüse nicht mehr verzichten.
a ☐ Moderatorin b ☐ Angelika Arnoldt c ☐ Leonhard Schwarzer

21 Erholung ist für sie wichtiger geworden.
a ☐ Moderatorin b ☐ Angelika Arnoldt c ☐ Leonhard Schwarzer

22 Gartenarbeit wird eher als Freizeitbeschäftigung gesehen.
a ☐ Moderatorin b ☐ Angelika Arnoldt c ☐ Leonhard Schwarzer

b Vergleichen Sie Ihre Lösungen mit dem Lösungsschlüssel.

2 Übungstext 2

19 **a Sie hören im Radio ein Gespräch mit mehreren Personen. Die Personen sprechen über TV-Nachrichten und Kindererziehung. Sie hören den Text *einmal*. Wählen Sie bei jeder Aufgabe: Wer sagt das? Lesen Sie jetzt die Aufgaben 17 bis 22. Dazu haben Sie 60 Sekunden Zeit.**

TIPP

Überspringen Sie einfach eine Aufgabe, wenn Sie eine Information überhört oder verpasst haben.
Kreuzen Sie dann nach Ende des Hörverstehensteils eine Antwort an, von der Sie meinen, sie könnte passen.
Im Training hören Sie hier kein Beispiel.

17 Bei uns gibt es strenge Regeln für den Fernsehkonsum.
a ☐ Moderator b ☐ Vera Tisch c ☐ Tim Geist

18 Das Fernsehen bietet kindgerechte Nachrichtensendungen an.
a ☐ Moderator b ☐ Vera Tisch c ☐ Tim Geist

19 Die Auswahl der Fernsehbilder wirft oft ein falsches Bild auf die Realität.
a ☐ Moderator b ☐ Vera Tisch c ☐ Tim Geist

20 Kinder sollten eher früh an die reale Welt herangeführt werden.
a ☐ Moderator b ☐ Vera Tisch c ☐ Tim Geist

21 Kinder tauschen in der Schule viele brutale Videoclips aus.
a ☐ Moderator b ☐ Vera Tisch c ☐ Tim Geist

22 Man sollte viel mit Kindern darüber reden, was sie sehen und erleben.
a ☐ Moderator b ☐ Vera Tisch c ☐ Tim Geist

b Vergleichen Sie Ihre Lösungen mit dem Lösungsschlüssel.

D Training zu Teil 4

1 Übungstext 1

20 **a Sie hören einen kurzen Vortrag. Der Redner spricht über das Thema „Handynutzung von Kindern". Sie hören den Text *zweimal*. Wählen Sie bei jeder Aufgabe die richtige Lösung. Lesen Sie jetzt die Aufgabe 23 bis 30. Dazu haben Sie 90 Sekunden Zeit.**

TIPP

Die Lösungen haben im Hörtext die gleiche Reihenfolge wie die Fragen.
Lassen Sie sich durch die Aufgabenstellung nicht auf einen falschen Weg führen!
Folgen Sie Ihrer ersten Intuition.
In die Aufgaben sind manchmal auch „Fallen" eingebaut, also Stellen, wo Sie besonders nachdenken sollen. Versuchen Sie, diese Stellen zu finden.

HILFE

Im Modul Lesen haben Sie sich mit Fallen in der Aufgabenstellung vertraut gemacht: „Falsche Fährten". Solche gibt es auch im Hörverstehen.

23 Was ist in Bezug auf die Elternrolle wichtig?
a ☐ Dass Eltern ihr Verhalten immer wieder überprüfen.
b ☐ Dass Eltern ihre Kinder immer gut beobachten.
c ☐ Dass Eltern nichts tun, was ihre Kinder imitieren könnten.

24 Um etwas in die Realität umsetzen zu können, ...
a ☐ brauchen wir einen möglichst genauen Plan.
b ☐ müssen wir das Ziel genau kennen.
c ☐ müssen wir Erkenntnisse sinnvoll umsetzen.

25 Was gilt für Regeln zur Handynutzung?
a ☐ Man muss sie möglichst einfach formulieren.
b ☐ Sie müssen im täglichen Leben funktionieren.
c ☐ Sie müssen sich für alle gut anhören.

26 Kinder ...
a ☐ benutzen das Handy meistens nur kurz.
b ☐ können am Abend mit dem Handy die Nutzungszeit ausrechnen.
c ☐ spielen die meiste Zeit am Handy.

27 Man sollte mit den Kindern besprechen, ...
a ☐ dass sie die Anweisungen der Eltern befolgen.
b ☐ wann sie nach dem Handy greifen dürfen.
c ☐ wie oft sie nach dem Handy greifen dürfen.

28 Es empfiehlt sich, ...
a ☐ die Handynutzung zu Hause zu erlauben.
b ☐ die Handynutzung nur mit bestimmten Aufenthaltsorten zu verbinden.
c ☐ räumliche und zeitliche Grenzen für die Handynutzung zu setzen.

29 Kindern muss beigebracht werden, dass ...
a ☐ das Nutzen von Handys bei anderen Tätigkeiten stört.
b ☐ man die Vereinbarkeit von Handyspielen und anderen Tätigkeiten lernen kann.
c ☐ man aber manchmal mit dem Handy spielen und andere Dinge tun kann.

30 Regeln für die Handynutzung in der Familie ...
a ☐ bringen nur gemeinsam etwas.
b ☐ müssen nur die Kinder einhalten.
c ☐ setzen Handy-Vereinbarungen voraus.

b Vergleichen Sie Ihre Lösungen mit dem Lösungsschlüssel.

2 Übungstext 2

21

a Sie hören einen kurzen Vortrag. Die Rednerin spricht über das Thema „Motivation". Sie hören den Text *zweimal*. Wählen Sie bei jeder Aufgabe die richtige Lösung. Lesen Sie jetzt die Aufgabe 23 bis 30. Dazu haben Sie 90 Sekunden Zeit.

23 Wer wichtige Dinge aufschiebt, ...
- a ☐ dem geht es nicht so gut.
- b ☐ mag keine größeren Aufgaben.
- c ☐ muss sie am Ende schneller erledigen.

24 Wer sich selbst motiviert, hat am Ende ein Ergebnis, ...
- a ☐ auch ohne dass er Spaß hat.
- b ☐ obwohl man entspannter ist.
- c ☐ weil man es leichter erledigen kann.

25 Was sagt die Forschung zu dem Thema?
- a ☐ Es gibt andere wichtige Aspekte.
- b ☐ Es gibt diesen einen wichtigen Aspekt.
- c ☐ Sie ist sich uneinig.

26 Man kann sich selbst für eine Aufgabe motivieren, indem man ...
- a ☐ ein sichtbares Ziel erreicht.
- b ☐ etwas Emotionales damit verbindet.
- c ☐ sie intensiv plant.

27 Große Aufgaben kann man leichter erledigen, wenn man ...
- a ☐ alle Aufgaben am Anfang überschaut.
- b ☐ die ganze Arbeit nicht auf einmal macht.
- c ☐ motiviert an die Arbeit geht.

28 Man könnte z. B. beim Kelleraufräumen beginnen, indem man ...
- a ☐ die Ecken des Kellers aufräumt.
- b ☐ die Gegenstände im Keller sortiert.
- c ☐ sich auf die großen Gegenstände im Keller konzentriert.

29 Eine wichtige Strategie ist auch, ...
- a ☐ den zeitlichen Aufwand für eine Aufgabe zu begrenzen.
- b ☐ festzulegen, was man in einer bestimmten Zeit schaffen kann.
- c ☐ mehrere zeitliche Schritte für eine Aufgabe zu planen.

30 Mit welchem Gefühl sollte man sich an die Arbeit machen?
- a ☐ Ich gehe ganz sachlich an diese Aufgabe heran.
- b ☐ Ich kann diese Aufgabe problemlos schaffen.
- c ☐ Es macht mir Spaß, diese Aufgabe zu erledigen.

b Vergleichen Sie Ihre Lösungen mit dem Lösungsschlüssel.

V Simulation: Goethe-Zertifikat B2 Hören

HILFE

Sie hören den Prüfungsteil Hören komplett wie in der Prüfung, mit allen Pausen zum Lesen der Aufgaben und zum Übertragen der Lösungen auf den Antwortbogen.
Stoppen Sie die Wiedergabe der Hördatei nicht. Nur so können Sie diesen Prüfungsteil „in echt" üben.

Hören

Zeit: circa 40 Minuten

Das Modul *Hören* hat vier Teile. Sie hören mehrere Texte und lösen Aufgaben dazu.

Lesen Sie jeweils zuerst die Aufgaben und hören Sie dann den Text dazu.

Für jede Aufgabe gibt es nur eine richtige Lösung.

Vergessen Sie bitte nicht, Ihre Lösungen auf den **Antwortbogen** zu übertragen. Dazu haben Sie nach dem Modul Hören fünf Minuten Zeit.

Am Ende jeder Pause hören Sie dieses Signal: ♪

Wörterbücher und Mobiltelefone sind nicht erlaubt.

22

Teil 1

Sie hören fünf Gespräche und Äußerungen.
Sie hören jeden Text *einmal*. Zu jedem Text lösen Sie zwei Aufgaben. Wählen Sie bei jeder Aufgabe die richtige Lösung. Lesen Sie jetzt das Beispiel. Dazu haben Sie 15 Sekunden Zeit.

Beispiel:

01 Die junge Frau hat am Vorabend ein klassisches Theaterstück gesehen. Richtig ~~Falsch~~ [X]

02 Wie war der Abend insgesamt?
a ☐ Am Ende war es kein gelungener Abend, da sich die Frau gelangweilt hat.
b ☐ Da es keine Kinokarten mehr gab, war die Stimmung schlecht.
c ☒ Die jungen Leute hatten trotz allem noch Spaß.

1 Die Frau erzählt, weshalb sie neuerdings eine leichtere Sportart bevorzugt. Richtig Falsch

2 Welche Meinung hat die Frau über das Klettern am Berg?
a ☐ Für sich selbst hält sie das Klettern für ungeeignet.
b ☐ Klettern hilft ihrer Meinung nach, sich zu entspannen.
c ☐ Sie findet, dass Klettern sehr gefährlich ist.

3 Im Interview geht es um Geschäfte, die ökologische Verpackungen verkaufen. Richtig Falsch

4 Warum ist die genannte Idee gut für die Umwelt?
a ☐ Die Geschäftsidee hilft den kleinen Läden.
b ☐ Die Leute kaufen weniger Lebensmittel.
c ☐ Es gibt weniger Papier- und Plastikmüll.

5 Die junge Frau berichtet über den Verlauf ihres Bewerbungsgesprächs. Richtig Falsch

6 Weshalb hält sie es für möglich, die Stelle zu bekommen?
a ☐ Die ganze Zeit über war sie sehr ruhig.
b ☐ Sie hatte sich sehr gut vorbereitet.
c ☐ Etwas konnte sie nicht beantworten.

7 Ein Moderator informiert über die Nachteile von Plakatwerbung. Richtig Falsch

8 Worauf ist bei der Werbung mit Plakaten besonders zu achten?
a ☐ Die Plakate sollten besonders farbig sein.
b ☐ Die Plakate sollten sich von anderen unterscheiden.
c ☐ Der Werbeslogan sollte etwas Besonderes sein.

9 Die Frau spricht über ihre Vorbereitungen für eine Präsentation. Richtig Falsch

10 Was hat die Frau konkret vor?
a ☐ Es soll um ihre Beschäftigung mit dem Museum gehen.
b ☐ Sie möchte einige große Veranstaltungen des Museums vorstellen.
c ☐ Sie wird die Geschichte des Museums präsentieren.

Teil 2

**Sie hören im Radio ein Interview mit einer Persönlichkeit aus der Wissenschaft.
Sie hören den Text *zweimal*. Wählen Sie bei jeder Aufgabe die richtige Lösung.
Lesen Sie jetzt die Aufgaben 11 bis 16. Dazu haben Sie 90 Sekunden Zeit.**

11 Unter einer Wohngruppe versteht Herr Hansen ...
- a ☐ alle zusammenlebenden Gruppen mit Ausnahme der Familie.
- b ☐ auch herkömmliche Formen des Zusammenlebens.
- c ☐ den Zusammenschluss mehrerer Menschen.

12 In den Städten gibt es heute ...
- a ☐ einen eindeutigen Wohntrend.
- b ☐ vor allem Menschen, die sich ein Leben als Single wünschen.
- c ☐ wieder viele junge Familien.

13 Junge Familien wohnen heute zunehmend gern in der Stadt, ...
- a ☐ obwohl die Infrastruktur auf dem Land heute so gut ist wie in der Stadt.
- b ☐ trotz der doch geringen Angebote für junge Familien.
- c ☐ weil es dort bessere Möglichkeiten der Kinderbetreuung gibt.

14 Bei anderen Wohngruppen als der Familie handelt es sich z. B. um ...
- a ☐ Menschen, die sich zuvor gut kannten und mochten.
- b ☐ Personen, die vorher nicht unbedingt miteinander bekannt waren.
- c ☐ vereinzelte Wohnprojekte, für die man viel Geld bezahlen muss.

15 Was sagt Herr Hansen über die Projekte des generationenübergreifenden Wohnens?
- a ☐ Die Menschen in diesen Projekten müssen sich nicht unbedingt mögen.
- b ☐ Diese Projekte sind vor allem für Senioren vorteilhaft.
- c ☐ Man muss die gemeinsamen Ideale der Mitbewohner teilen.

16 Die Städte sollten ...
- a ☐ mehr Wohnungen bauen.
- b ☐ weitere kreative Wohnideen entwickeln.
- c ☐ Wohnprojekte finanziell fördern.

Teil 3

Sie hören im Radio ein Gespräch mit mehreren Personen. Die Personen sprechen über „Urlaub im Schloss". Sie hören den Text *einmal*. Wählen Sie bei jeder Aufgabe: Wer sagt das? Lesen Sie jetzt die Aufgaben 17 bis 22. Dazu haben Sie 60 Sekunden Zeit.

Beispiel:

0 Viele möchten gern Urlaub in einem Schloss machen.

a ☒ Moderatorin b ☐ Therese Schneider c ☐ Stefan Grube

17 Ein Aufenthalt in einem Schloss wird oft für Kurzurlaube gewählt.
a ☐ Moderatorin b ☐ Therese Schneider c ☐ Stefan Grube

18 Er/Sie kam eher durch einen Zufall in ein Schloss.
a ☐ Moderatorin b ☐ Therese Schneider c ☐ Stefan Grube

19 Die Wohnung war antik und modern zugleich.
a ☐ Moderatorin b ☐ Therese Schneider c ☐ Stefan Grube

20 Ein Aufenthalt in einem Schloss ist hochpreisig.
a ☐ Moderatorin b ☐ Therese Schneider c ☐ Stefan Grube

21 Aufgrund falscher Versprechungen gab es Spannungen.
a ☐ Moderatorin b ☐ Therese Schneider c ☐ Stefan Grube

22 Am Wochenende war im Schloss keine Erholung möglich.
a ☐ Moderatorin b ☐ Therese Schneider c ☐ Stefan Grube

Teil 4

Sie hören einen kurzen Vortrag. Der Redner spricht über das Thema „Risiken und Chancen des Online-Einkaufs". Sie hören den Text *zweimal*. Wählen Sie bei jeder Aufgabe die richtige Lösung. Lesen Sie jetzt die Aufgaben 23 bis 30. Dazu haben Sie 90 Sekunden Zeit.

23 Wer dringend etwas kaufen muss, ...
- a ☐ bestellt die Sachen oft online.
- b ☐ lässt sich im Handel verschiedene Angebote zeigen.
- c ☐ wartet selten wenige Tage auf seine Ware.

24 Das Einkaufen im Internet ...
- a ☐ funktioniert auch mit wenig Erfahrung.
- b ☐ ist auch auf dem Weg nach Hause möglich.
- c ☐ ist momentan sehr beliebt.

25 Herr Würzer spricht in seinem Vortrag über ...
- a ☐ die Attraktivität des Einkaufens im Internet.
- b ☐ die Seiten, die man lesen muss, bevor man bestellt.
- c ☐ problematische Aspekte des Interneteinkaufs.

26 Nach einem Kauf im Internet haben viele Kunden gemerkt, dass ...
- a ☐ das Einkaufen im Internet nicht besser ist.
- b ☐ es keine Beratung gab.
- c ☐ sie sich besser hätten informieren sollen.

27 Viele Menschen bedenken nicht, dass ...
- a ☐ einem die bestellte Ware nicht passen könnte.
- b ☐ es auch Zeit kostet, sich im Internet zu informieren.
- c ☐ Rücksendungen der Ware immer Probleme machen.

28 Herr Würzer gibt den Rat, vor dem Kauf zu prüfen, ...
- a ☐ ob das Produkt im Fachhandel günstiger ist.
- b ☐ ob man das Produkt wirklich braucht.
- c ☐ welche Freunde bei der Bestellung helfen können.

29 Herr Würzer warnt vor ...
- a ☐ Angeboten von teuren Mänteln ab 400 Euro.
- b ☐ dem Kauf von Kleidung über das Internet.
- c ☐ ungewöhnlich günstigen Angeboten im Internet.

30 Herr Würzer fordert, ...
- a ☐ Kompetenzen für das Einkaufen im Internet zu erwerben.
- b ☐ sich mehr Zeit für das Online-Shopping zu lassen.
- c ☐ von den Chancen des Online-Angebots zu profitieren.

Antwortbogen Hören

Teil 1			
1	Richtig ☐		Falsch ☐
2	A ☐	B ☐	C ☐
3	Richtig ☐		Falsch ☐
4	A ☐	B ☐	C ☐
5	Richtig ☐		Falsch ☐
6	A ☐	B ☐	C ☐
7	Richtig ☐		Falsch ☐
8	A ☐	B ☐	C ☐
9	Richtig ☐		Falsch ☐
10	A ☐	B ☐	C ☐

Teil 2			
11	A ☐	B ☐	C ☐
12	A ☐	B ☐	C ☐
13	A ☐	B ☐	C ☐
14	A ☐	B ☐	C ☐
15	A ☐	B ☐	C ☐
16	A ☐	B ☐	C ☐

Lösungen 1–16: ☐☐ Punkte

Teil 3			
17	A ☐	B ☐	C ☐
18	A ☐	B ☐	C ☐
19	A ☐	B ☐	C ☐
20	A ☐	B ☐	C ☐
21	A ☐	B ☐	C ☐
22	A ☐	B ☐	C ☐

Teil 4			
23	A ☐	B ☐	C ☐
24	A ☐	B ☐	C ☐
25	A ☐	B ☐	C ☐
26	A ☐	B ☐	C ☐
27	A ☐	B ☐	C ☐
28	A ☐	B ☐	C ☐
29	A ☐	B ☐	C ☐
30	A ☐	B ☐	C ☐

Lösungen 17–30: ☐☐ Punkte

Gesamtergebnis Hören: ☐☐ Punkte

Modul Schreiben

I Informationen zur Prüfung Goethe-Zertifikat B2 Schreiben

Die **Prüfung Schreiben** besteht aus zwei Teilen und dauert 75 Minuten. Sie schreiben zwei Texte: in Teil 1 einen Forumsbeitrag zu einem vorgegebenen Thema mit vier Inhaltspunkten und in Teil 2 eine E-Mail zu einer vorgegebenen Situation mit vier Inhaltpunkten.

Lesen Sie jeweils zuerst die Aufgaben und die Inhaltspunkte. Sie können mit jeder Aufgabe beginnen. Schreiben Sie Ihre Texte auf die Antwortbogen.

Wörterbücher und Mobiltelefone sind nicht erlaubt.

Übersicht über die einzelnen Prüfungsteile

Teil	Textsorten	Aufgaben	Zeit	Ziel
1	Forumsbeitrag	Sie schreiben einen Forumsbeitrag zu einem vorgegebenen Thema mit vier Inhaltspunkten. Der Text sollte mindestens 150 Wörter enthalten.	ca. 50 Minuten	Sie zeigen, dass Sie einen zusammenhängenden Text schreiben und die Inhaltspunkte genau bearbeiten können. Sie zeigen auch, dass Sie Ihrem Text eine sinnvolle Einleitung und einen Schluss geben können.
2	E-Mail	Sie schreiben eine Nachricht zu einer vorgegebenen Situation mit vier Inhaltpunkten. Der Text sollte mindestens 100 Wörter enthalten.	ca. 25 Minuten	Sie zeigen, dass Sie eine zusammenhängende E-Mail mit Anrede und Gruß schreiben können, indem Sie die Inhaltspunkte in eine sinnvolle Reihenfolge bringen und genau bearbeiten können.

II Einstieg zum Schreiben

A Einen zusammenhängenden Text schreiben

a Schauen Sie sich das Foto an. Was fällt Ihnen spontan dazu ein? Sammeln Sie Ihre Assoziationen und schreiben Sie einen kurzen Text, wie z. B. einen Erlebnisbericht oder eine Tagebuchnotiz. Schauen Sie sich dann Ihren Text noch einmal an. Sind Sie zufrieden? Warum oder warum nicht?

HILFE

Schritt für Schritt
Wenn Sie einen Text schreiben, ist es wichtig, dass Sie die Sätze gut miteinander verbinden. Verwenden Sie dazu geeignete Konnektoren (wie *weil, obwohl, wenn*), Adverbien (wie *dort, da*), Pronomen (wie *er, ihr*) und Pronominaladverbien (wie *damit, dafür*). So liest sich Ihr Text flüssig, was auch in der Prüfung positiv bewertet wird.

b Lesen Sie den Text. Versuchen Sie dann, die unterstrichenen Teile oder die Stellen mit ? durch die folgenden Wörter zu ersetzen. Achtung: Zwei Wörter passen nicht.

Situation: Sie schreiben einen Forumsbeitrag zum Thema *Meine Heimatstadt.*

dort • aber • hier • ihr • wenn • sie • denn • ihren • dorthin • obwohl

Ich möchte euch hier meine Heimatstadt vorstellen. Vielleicht könnt ihr die Stadt (1) auch erraten? Nun, ich komme aus einer Millionenstadt im Norden Deutschlands. Die Stadt wird auch als Elbmetropole bezeichnet. – Richtig, der Name der Stadt (2) ist Hamburg. Von Hamburg sagen manche, dass es die schönste Stadt Deutschlands sein könnte, wenn nur das Wetter nicht wäre, ? (3) im Durchschnitt gibt es in Hamburg (4) pro Monat etwa 10 bis 12 Regentage. Insgesamt ist das Klima der Hansestadt mit den vielen Kanälen in Hamburg (5) und der durch die Stadt fließenden Alster also ziemlich feucht. Wer nach Hamburg (6) fahren möchte, sollte sich also gut mit Regenschutz ausstatten. Oder den Regen lieben! Die schönste Zeit für Hamburg ist übrigens der Mai, ? (7) der Hafen Geburtstag hat; dann gibt es ein großes Feuerwerk. ? (8) natürlich gibt es zu dieser Zeit auch viele Touristen.

c Vergleichen Sie dann mit dem Lösungsschlüssel.

d Lesen Sie den Text. Unterstreichen Sie dann die passenden Teile.

Situation: Sie schreiben einen Forumsbeitrag zum Thema *Zum Studium oder zur Ausbildung in die Großstadt?*

Nach den zahlreichen Einträgen hier im Forum möchte ich nun auch kurz etwas zum Thema „Zum Studium oder Ausbildung in der Großstadt?" sagen. Also, ich bin auf jeden Fall der Meinung, *wenn / dass / damit* (1) es sinnvoll ist, nach der Schule zunächst in eine kleine Stadt zu gehen. *Trotzdem / Weil / Denn dort* (2) ist alles viel weniger anonym und man trifft die Leute, *die / denen / mit denen* (3) man neu kennengelernt hat, auch tatsächlich wieder. In einer Großstadt dauert es doch viel länger, *bis / dass / damit* (4) man einen neuen Freundes- und Bekanntenkreis aufgebaut hat! Und wenn man dann tatsächlich mal ein paar Leute gefunden hat, muss man lange fahren, um *ihren / sie / ihnen* (5) zu treffen. Na ja, und abgesehen davon sind die Rahmenbedingungen für das Studium oder die Ausbildung in einer Kleinstadt sicher viel besser, *ohne dass / obwohl / da* (6) alles nicht so überlaufen ist. Es wollen doch alle in die Großstadt! Und dort ist es *dann / vorher / nachdem* (7) viel zu voll und man kämpft um die wenigen Plätze im Wohnheim oder in der Mensa. Ein weiterer Vorteil der Kleinstadt ist meiner Ansicht nach, *bis / dass / wie* (8) man nicht so viel Geld auszugeben braucht, um einigermaßen gut zu leben.

e Vergleichen Sie dann mit dem Lösungsschlüssel.

B Inhaltspunkte genau bearbeiten

a Schauen Sie sich das Foto an und sammeln Sie Ihre Assoziationen zum Thema *Gesünder durch Sport*. Formulieren Sie dann ein paar Meinungen mithilfe der folgenden Ausdrücke.

HILFE

Schritt für Schritt

Im Modul Schreiben sollten Sie zuerst den Aufgabentext sehr genau lesen. Sie bekommen eine kurze Situationsbeschreibung und dann die eigentliche Aufgabe, die aus vier Inhaltspunkten besteht.
Um die Inhaltspunkte genau zu bearbeiten, sammeln Sie am besten einige Ideen zum Thema und zur eigenen Meinung und den dafür notwendigen Wortschatz.

Ich finde, dass • Ich bin der Meinung, dass • Meiner Meinung nach

b Ergänzen Sie die Mindmap zum Thema *Gesünder durch Sport*.

c Vergleichen Sie dann mit dem Vorschlag im Lösungsschlüssel.

HILFE

Schritt für Schritt
Wenn Sie eine eigene Meinung formulieren, können Sie auf Erfahrungen zum Thema zurückgreifen oder auf das, was Sie dazu bereits gehört oder gelesen haben.
Achten Sie darauf, die Redemittel zu variieren und z. B. für Ihre Meinung nicht nur *einen* Ausdruck wie z. B. „Ich finde, dass" zu verwenden.

d Ordnen Sie die Redemittel 1–10 in die Tabelle ein.

1 Ich bin der Meinung, dass ...
2 Als Beispiel möchte ich ... nennen.
3 Dazu fällt mir ... (konkret) ein.
4 Ein Grund dafür ist wahrscheinlich, dass ...
5 Vielleicht hat ... dazu geführt, dass ...
6 Ich halte ... für sehr wichtig.
7 Als Ursache kann ich mir ... vorstellen.
8 Ich finde wirklich, dass ...
9 Zum Beispiel ...
10 Also ganz konkret meine ich, ...

Die Meinung äußern	Gründe nennen	Beispiele nennen
1,		

e Vergleichen Sie dann mit dem Lösungsschlüssel.

HILFE

Schritt für Schritt
Forumsbeiträge und E-Mails können informell oder formell geschrieben sein. Den formellen Sprachstil erkennen Sie an komplexeren Sprachstrukturen wie z. B. Konjunktiv II und festen Verbindungen zwischen Nomen und Verben („Dürfte ich Ihnen eine Frage stellen?" statt „Kann ich Sie etwas fragen?".)
Den formellen Sprachstil benutzt man tendenziell in beruflichen Kontexten oder im Kontakt mit staatlichen Institutionen.

f Lesen Sie die folgenden Ausdrücke und Sätze. Welche gehören eher zu einem formellen Stil? Kreuzen Sie diese an und begründen Sie.

1 ☐ Bitte geben Sie mir Bescheid, ob Sie am ... kommen können.
2 ☐ Übrigens möchte ich noch hinzufügen, dass ...
3 ☐ Dabei ist zu bedenken, dass ...
4 ☐ Bei näherer Betrachtung fällt auf, dass ...
5 ☐ Um es kurz zu sagen: Ich finde ...
6 ☐ Am ... wurde mir ein ... zur Verfügung gestellt.
7 ☐ Also, ich möchte nun sagen, dass ...
8 ☐ Würden Sie mir da zustimmen?
9 ☐ Man könnte zum Beispiel ...
10 ☐ Mein Vorschlag wäre, ... zu ...

g Vergleichen Sie dann mit dem Lösungsschlüssel.

h Wählen Sie fünf Beispiele aus f aus und formulieren Sie damit eine eigene Meinung zum Thema *Gesünder durch Sport*.

C Dem Text eine Einleitung und einen Schluss geben

a Welche Ausdrücke kennen Sie, die man für die Einleitung und für das Ende von Texten verwenden kann? Sammeln Sie ein paar Ideen.

HILFE

Schritt für Schritt
Formulieren Sie in Ihren Prüfungstexten eine Einleitung und einen Schluss. Die Einleitung hilft dem Leser, zu verstehen, um welche Situation oder um welches Thema es sich handelt und welches Ziel der Schreibende mit seinem Text verbindet.
Der Schluss hebt bei einem Forumsbeitrag noch einmal die zentrale Meinung des Schreibenden hervor, bei einer E-Mail trägt er zu einem freundlichen Ende der Mitteilung bei.

b Bilden Sie aus den einzelnen Teilen Sätze.

1 ich selbst – zu diesem Thema – einige Erfahrungen – da – sammeln konnte,
auch – möchte – ich nun – dazu sagen – etwas

____,
____.

2 haben – bereits – wie – am Telefon – wir – besprochen,
ich – einen ersten Vorschlag – möchte – nun – präsentieren

____
____

3 hoffe – ich,
meinen Terminwunsch – dass – Sie – entsprechend – berücksichtigen –
können – und – im Voraus – danke – Ihnen

____
____

4 die meiner Meinung nach – wichtigsten drei Punkte – ich –
noch einmal – hervorheben – abschließend – möchte

____
____

5 sagen – insgesamt – ich – muss,
trotz einiger Einwände – dass – dieser Sache – sehr – doch – positiv – ich – gegenüberstehe

____
____

6 wende – wegen – der bevorstehenden Jahresplanung – an Sie – mit einer dringenden Bitte –
mich – heute – ich

____
____.

c Handelt es sich bei Ihren Sätzen aus b um einen Einleitungs- oder Schlusssatz? Notieren Sie die Satznummern aus b.

	Einleitungssätze	Schlusssätze
Forumsbeitrag	☐	☐☐
E-Mail	☐☐	☐

d Vergleichen Sie Ihre Lösung mit dem Lösungsschlüssel.

D Die Inhaltspunkte in eine sinnvolle Reihenfolge bringen

HILFE

Schritt für Schritt
In der Prüfung Schreiben finden Sie in der Aufgabenstellung vier Inhaltspunkte. Diese Inhaltspunkte geben an, zu welchen Unterthemen Sie sich genauer äußern müssen. Achten Sie deshalb darauf, dass Sie zu allen vier Punkten etwas schreiben.

a **Ordnen Sie die Textstellen den einzelnen Inhaltspunkten zu.**

Schreibsituation: Sie machen ein Praktikum in einer deutschen Firma. Sie möchten nun drei Tage für ein Familienfest freinehmen. Schreiben Sie eine Nachricht an Ihren Vorgesetzten.

Textstellen

1 Mir ist bewusst, dass ich mein Praktikum eigentlich nicht unterbrechen sollte.
2 Ich habe mir überlegt, dass ich in den restlichen Wochen meines Praktikums einfach täglich ein oder zwei Stunden länger in der Firma bleibe.
3 Meine Großmutter feiert ihren 70. Geburtstag, und da ich ein sehr enges Verhältnis zu ihr habe, möchte ich unbedingt an der Familienfeier teilnehmen.
4 Ich hoffe sehr, dass Sie meine Situation verstehen.

Inhaltspunkte

a Bitten Sie um Verständnis für Ihre Situation.
b Schreiben Sie, warum die Familienfeier so wichtig für Sie ist.
c Zeigen Sie Verständnis für die Firma.
d Machen Sie einen Vorschlag, wie Sie die Arbeitszeit nachholen können.

b **Vergleichen Sie dann mit dem Lösungsschlüssel.**

HILFE

Schritt für Schritt
Gliedern Sie Ihren Text in Abschnitte, indem Sie diese durch eine Leerzeile voneinander absetzen. So wirkt er übersichtlicher und der Leser versteht Ihren Text schneller und besser. Jeder Abschnitt sollte dabei ein eigenes, zum Thema passendes Unterthema haben. Unterthemen kann man mit einem Schlüsselwort oder einer Unterüberschrift benennen.

c **Lesen Sie die folgende E-Mail. Geben Sie dann den Abschnitten A–D eine kurze Überschrift.**

Situation: Sie machen ein Praktikum bei einer deutschen Firma und haben sich bereit erklärt, Kundenbesuch am Sonntag durch die Stadt zu führen. Nun müssen Sie leider absagen. Schreiben Sie eine Nachricht an Ihre Vorgesetzte, Frau Meier.

Sehr geehrte Frau Meier,

A ______________________________

wie Sie wissen, hatte ich mich dazu bereit erklärt, Herrn Nireo und Frau Navazza von der Firma CICO am kommenden Sonntag durch die Stadt zu führen. Nun muss ich den geplanten Termin aber leider absagen.

B ______________________________

Meine Großmutter ist schwer erkrankt, und sie muss am Montag ins Krankenhaus. Sie lebt zwei Straßen von mir entfernt und ist nun darauf angewiesen, dass ich ihr am Sonntag beim Packen helfe und sie auch seelisch unterstütze.

C ______________________________

Ich weiß, dass es sich um einen wichtigen Kundenbesuch handelt und dass die Stadtführung seit Langem angekündigt ist. Sicher haben sich Herr Nireo und Frau Navazza auch schon darauf gefreut. Ich bedaure die ganze Situation sehr und hoffe auf Ihr Verständnis.

D ______________________________

Ich habe bereits ein kleines Skript für die Stadtführung ausgearbeitet und kann dies gern zur Verfügung stellen. Der Spaziergang dauert etwa zwei Stunden. Vielleicht besteht die Möglichkeit, dass eine Kollegin oder ein Kollege für mich einspringt? Darüber wäre ich sehr froh.

Mit freundlichen Grüßen

Anja Holzapfel

d **Formulieren Sie Ihre Überschriften aus c so, dass daraus eine Schreibaufgabe (Inhaltspunkte) wie in der Prüfung wird. Vergleichen Sie mit dem Lösungsschlüssel.**

e **Überlegen Sie: Könnte man die Inhaltspunkte auch in eine andere Reihenfolge bringen? Schreiben Sie den Text neu, indem Sie mindestens einen Inhaltspunkt an eine andere Stelle bringen. Was würden Sie sprachlich am Text ändern?**

f **Schauen Sie sich dann den Textvorschlag im Lösungsschlüssel an.**

III Übungen zum Schreiben

A Einen zusammenhängenden Text schreiben

a Verbinden Sie die folgenden Sätze, indem Sie die unterstrichenen Ausdrücke ersetzen. Dabei müssen Sie die Sätze manchmal umstellen bzw. umformulieren. Die Wörter und grammatischen Begriffe in Klammern sollen dabei helfen.

1 Gestern haben wir einen langen Spaziergang am Starnberger See gemacht. Wir haben nach dem Spaziergang noch einen Kaffee getrunken. (danach – Pronominaladverb)

2 Wir haben am Abend noch lange zusammengesessen. Aus diesem Grund waren wir am folgenden Tag sehr müde. (denn – Konnektor)

3 An unserer Schule kann man auch außereuropäische Sprachen lernen. Acht Schülerinnen und Schüler nehmen an der Schule gerade an einem Kurs in Chinesisch teil. (hier – Lokaladverb)

4 Die Bergwanderung hat länger gedauert als erwartet. Die Wanderung war wegen der Höhenunterschiede ausgesprochen anstrengend. (die – Relativpronomen)

5 Die Freunde sind wegen der Hitze vorzeitig aus dem Urlaub gekommen. Wir grillen regelmäßig mit ihnen im Garten. (mit denen – Präposition plus Relativpronomen)

6 Die Veranstaltung musste wegen zu geringer Anmeldezahlen abgesagt werden. Das hat uns sehr verärgert, denn wir hatten uns sehr auf die Veranstaltung gefreut. (darauf – Pronominaladverb)

b Vergleichen Sie dann mit dem Lösungsschlüssel.

c In dem folgenden Text sind die fett gedruckten Wörter durcheinandergeraten. Finden Sie für jedes der zehn Wörter die richtige Stelle und korrigieren Sie. Beachten Sie dabei die Groß- und Kleinschreibung.

Situation: Sie schreiben einen Forumsbeitrag zum Thema *Helmpflicht für Radfahrer.*

Wie viele von euch hier möchte ich nun auch etwas zum Thema „Helmpflicht" sagen.
Also, zunächst einmal muss ich sagen, **außerdem** / *dass* (1) ich schon drei Fahrradunfälle hatte. Hätte ich keinen Helm getragen, wäre das jedes Mal schlimm für mich ausgegangen! **Wenn** / ____________ (2) ist es natürlich klar, dass ich das Tragen eines Helmes für richtig halte. **Als** / ____________ (3) finde ich, dass ein Helm beim Fahren überhaupt nicht stört. Gut, die Haare werden ein bisschen plattgedrückt, **nachher** / ____________ (4) die kann man doch **also** / ____________ (5) waschen.
Daran / ____________ (6), was gibt es für Gründe gegen einen Helm?
Das mit der Pflicht ist natürlich so eine Sache. Mir wäre es auch lieber, **aber** / ____________ (7) alle Leute von selbst und durch eigene Einsicht einen Helm tragen würden.
~~**Dass**~~ / ____________ (8) ich neulich im Park war, habe ich gehört, wie ein Vater seinem Kind erklärte, **deshalb** / ____________ (9) man einen Helm tragen sollte. Das fand ich echt gut.
Vielleicht wird die nächste Generation ja vernünftiger sein und dann bräuchten wir tatsächlich nicht mehr über eine Helmpflicht zu diskutieren. Bis dahin aber führt wohl kein Weg **warum** / ____________ (10) vorbei.

d Vergleichen Sie dann mit dem Lösungsschlüssel.

Modul Schreiben

e Ergänzen Sie die folgenden Wörter und Ausdrücke in der E-Mail. Vier passen nicht.

wie • obwohl • außerdem • zwar ..., aber • oder • und • allerdings • ob • welche • sondern • aber • da • um ... zu • dass

Sehr geehrte Damen und Herren,

vielen Dank für das freundliche Telefongespräch gestern. Ich habe großes Interesse an dem Job, hätte ______ (1) auch noch ein paar Fragen.

Zunächst würde ich gern wissen, ______ (2) es möglich ist, die Stelle auch ein bisschen später anzutreten. ______ (3) ich momentan im Ausland unterwegs bin ______ (4) erst in drei Wochen nach Deutschland zurückkommen kann, könnte ich die Arbeit frühestens ab dem 20. Mai aufnehmen.

______ (5) wäre es für mich noch wichtig zu erfahren, ______ (6) Versicherungen Sie für mich abschließen werden.

Und zuletzt möchte ich fragen, ______ (7) man mit öffentlichen Verkehrsmitteln am besten zu Ihnen kommt. ______ nicht bei Regen oder Schnee mit dem Fahrrad fahren ______ (8) müssen, würde ich mir gern eine Monatskarte anschaffen. ______ (9) setzt das natürlich voraus, ______ (10) Sie auch mit dem Bus oder der U- Bahn gut zu erreichen sind.

Ich freue mich auf Ihre Antwort.

Mit freundlichen Grüßen

Marlen Huber

f Vergleichen Sie dann mit dem Lösungsschlüssel.

g Lesen Sie den folgenden Forumsbeitrag zum Thema *Kostenloser Nahverkehr* und ornden Sie die Inhaltspunkte den Textabschnitten in h zu.

1 Nennen Sie Möglichkeiten, die Bürger zu informieren: Abschnitt ______
2 Äußern Sie Ihre Meinung zu einem kostenlosen Nahverkehr: Abschnitt ______
3 Nennen Sie ein Beispiel, wie man dies finanzieren kann: Abschnitt ______
4 Nennen Sie Gründe für Ihren Beitrag zum kostenlosen Nahverkehr: Abschnitt ______

h Ergänzen Sie nun passende Konnektoren, Pronomen und Adverbien frei.

Hinweis: Der Verfasser argumentiert für einen kostenlosen Nahverkehr.

A Das Thema „kostenloser Nahverkehr" ist sehr aktuell und das ist auch der Grund, _______________ (1) ich mich hier dazu äußern möchte. Außerdem lebe ich in einer Stadt, in _______________ (2) der Nahverkehr meiner Meinung nach viel zu teuer ist.

B Also, ich bin absolut _______________ (3), Busse sowie S- und U- Bahnen innerhalb der Großstädte kostenlos fahren zu lassen. _______________ (4) nur auf diese Weise lässt sich der immer weiter zunehmende Individualverkehr auch wirklich begrenzen. Autofahren muss erheblich teurer werden als die Fortbewegung mit öffentlichen Verkehrsmitteln, _______________ (5) bin ich überzeugt. Und das gelingt nur, _______________ (6) diese unentgeltlich fahren.

C Natürlich ist die Finanzierung ein Problem. Hier gibt es aber bereits viele Vorschläge, von _______________ (7) mir diejenigen am besten gefallen, bei denen die Gemeinschaft, also wir alle, zur Kasse gebeten wird. Weshalb sollte der kostenlose Nahverkehr denn nicht aus Steuern finanziert werden? Aus Steuergeldern werden ja auch andere wichtige Dinge bezahlt, auch wenn der einzelne Steuerzahler _______________ (8) nicht immer wirklich nutzt.

D Zuletzt möchte ich noch darauf hinweisen, _______________ (9) der kostenlose Nahverkehr auch beworben werden sollte. Ich stelle mir große Plakataktionen vor und vielleicht auch Werbung im Kino und im Fernsehen. Die Bürger müssen gut informiert sein, _______________ (10) werden sie das Angebot auch sicher nutzen.

B Inhaltspunkte genau bearbeiten

a Ergänzen Sie Informationen zu den folgenden Inhaltspunkten zum Thema *Roboter*.

Situation: Sie schreiben einen Forumsbeitrag zum Thema *Roboter im Alltag*.

- Äußern Sie Ihre Meinung zum Thema *Roboter im Alltag*.
- Nennen Sie zwei Beispiele für Roboter im Alltag.
- Nennen Sie zwei Vorteile für Roboter im Alltag.
- Nennen Sie zwei Nachteile für Roboter im Alltag.

Beispiele für Roboter:

1. _______________
2. _______________

Vorteile von Robotern:

1. _______________
2. _______________

Nachteile von Robotern:

1. _______________
2. _______________

b Fertigen Sie aus Ihren Notizen eine Mindmap an und vergleichen Sie mit dem Lösungsschlüssel.

c **Schreiben Sie die Ausdrücke 1–14 in die Tabelle. Geben Sie den fünf Gruppen jeweils eine passende Überschrift.**

1 Ein Vorteil ist sicher, dass ...
2 Negativ ist sicher, dass ...
3 Möglicherweise ist das darauf zurückzuführen, dass ...
4 Ich vermute, ein Grund dafür ist, dass ...
5 Als Schwierigkeit könnte sich allerdings herausstellen, dass ...
6 Positiv ist dazu zu sagen, dass ...
7 Ein Nachteil dürfte sein, dass ...
8 Ich denke, das ist so, weil ...
9 Ich möchte folgenden Alternativvorschlag machen: ...
10 Sicher liegt das daran, dass ...
11 Weniger gut daran ist, dass ...
12 Eine andere Möglichkeit könnte sicher folgende sein: ...
13 Allerdings sehe ich da auch Schwierigkeiten.
14 Als Alternative möchte ich anbieten, dass ...

Positive Bewertung				
Ein Vorteil ist sicher, dass …				

d **Was kann man noch sagen? Ergänzen Sie die Tabelle mit Ausdrücken, die Sie kennen und in der Prüfung verwenden wollen.**

e **Schreiben Sie nun einen Forumsbeitrag zum Thema *Roboter im Alltag*. Nutzen Sie dabei Ihre Ideen und die Ausdrücke aus den Aufgaben a–d.**

f **Schauen Sie sich dann den Vorschlag im Lösungsschlüssel an.**

C Dem Text eine Einleitung und einen Schluss geben

a Eine Person hat einen Forumsbeitrag zum Thema *Musik im öffentlichen Raum* geschrieben. Welcher der beiden Einleitungs- und Schlusssätze passt besser? Kreuzen Sie an und begründen Sie.

☐ Ich bin ein Musikfan und kann ohne Musik nicht leben. Deshalb liegt mir das Thema auch besonders am Herzen.
☐ Das Thema interessiert mich, da ich mich oft von lauter Musik gestört fühle.

Ich bin nämlich der Meinung, dass Musik im öffentlichen Raum fast nur Vorteile mit sich bringt.
Als Beispiele möchte ich zunächst Straßenmusiker nennen. Ich finde, dass es davon viel zu wenig gibt. Außerdem fällt mir ein, dass es viele U-Bahn-Stationen gibt, in denen Hintergrundmusik läuft. Meistens handelt es sich dabei um klassische Musik, die ich gern mag. Und drittens sind natürlich die vielen Geschäfte zu nennen, in denen es ohne Musik fast nicht mehr geht. Ich denke zum Beispiel an Bekleidungsgeschäfte oder Friseursalons.
Ein positiver Aspekt von Musik ist sicher, dass sie uns in gute Laune versetzt. Das Leben macht dann einfach mehr Spaß. Allerdings steigt mit dem Spaß auch die Kauflaune.
Und damit sind wir bei den Nachteilen. Musik kann die Menschen auch manipulieren.
Und dann kaufen sie vielleicht etwas, das sie gar nicht kaufen wollen. Ich finde es nicht gut, dass sich die Wirtschaft das zunutze macht.

☐ Insgesamt überwiegen für mich die Vorteile, denn jeder kann lernen, sich etwas zu kontrollieren.
☐ Abschließend möchte ich sagen, dass ich gegen Musik im öffentlichen Raum bin, da sie Einfluss auf die Entscheidungen der Menschen nehmen kann.

b Im Folgenden finden Sie fünf Einleitungs- (1–5) und fünf Schlusssätze (a–e). Welche der Sätze gehören zum selben Text? Ordnen Sie zu.

Situation: Sie schreiben einen Forumsbeitrag zum Thema *Leben auf dem Land*.

1 ☐ Ich wohne seit Langem auf dem Land und möchte mich deshalb in diesem Forum nun zu Wort melden.

2 ☐ Da ich noch nie auf dem Land gelebt habe und mir das auch gar nicht vorstellen kann, hier ein paar Gedanken dazu.

3 ☐ Ich habe mich vor zwei Wochen dazu entschlossen, aufs Land zu ziehen, und möchte mich deswegen an der Diskussion hier beteiligen.

4 ☐ Da ich meine Jugend auf dem Lande verbracht habe und es schrecklich fand, hier nun ein paar Gedanken dazu.

5 ☐ Das Thema dieses Forums interessiert mich sehr, denn ich habe immer in der Großstadt gelebt. Nun muss ich aus beruflichen Gründen aufs Land.

a Abschließend möchte ich sagen, dass ich die Erfahrung, auf dem Land zu leben, nicht vermisse und glücklich über mein jetziges Leben bin.

b Insgesamt bin ich sehr neugierig auf das, was mich erwartet, und freue mich auf die Veränderungen.

c Alles in allem bin ich sehr zufrieden. Und jetzt werde ich mich in unseren Obstgarten zurückziehen und ein bisschen arbeiten.

d Ihr seht also, meine Gefühle gehen hin und her. Aber alles wird gut, ich konnte mich bisher immer ganz gut auf Neues einstellen.

e Zum Schluss möchte ich noch einmal betonen, dass es sich um meine sehr subjektive Sicht handelt. Schließlich muss jeder selbst wissen, wo er am liebsten wohnt.

Modul Schreiben

D Die Inhaltspunkte in eine sinnvolle Reihenfolge bringen

a **Bringen Sie die Textteile in eine sinnvolle Reihenfolge.**

Situation: Sie nehmen an einer beruflichen Weiterbildung teil und sind für ein Referat eingeteilt. Nun müssen Sie den Termin leider verschieben und schreiben eine Nachricht an den Kursleiter.

Sehr geehrter Herr Thomas,

☐ Leider ist es so gekommen, dass ich beruflich ein Projekt annehmen musste und in der nächsten Woche nun eine Geschäftsreise habe.

☐ Die Terminplanung ist für Sie nicht immer ganz einfach und Sie müssen sich auf unsere Zusagen verlassen.

☐ Es tut mir sehr leid, dass ich Ihnen Schwierigkeiten verursache, und ich bitte Sie um Verständnis.

☐ Ich wende mich heute mit einer dringenden Bitte an Sie.

☐ Sie hatten zweimal nachgefragt, ob der Termin für mich passt.

☐ Ist es möglich, dass ich das geplante Referat nicht am kommenden Dienstag, sondern erst eine Woche später halte?

☐ Die Geschäftsreise lässt sich nicht verschieben.

Mit den besten Grüßen

Sofie Elaine

b **Vergleichen Sie dann mit dem Vorschlag im Lösungsschlüssel.**

c **Die einzelnen Abschnitte in a sind nicht gut miteinander verbunden. Überarbeiten Sie die Abschnitte, sodass ein zusammenhängender Text entsteht. Vergleichen Sie dann mit dem Vorschlag im Lösungsschlüssel.**

d **Formulieren Sie nun die Inhaltspunkte für diese Schreibaufgabe und vergleichen Sie mit dem Vorschlag im Lösungsschlüssel.**

IV Training zur Prüfung Schreiben

Teil 1

vorgeschlagene Arbeitszeit: 50 Minuten

HILFE

In Teil IV ist jeder Prüfungsteil doppelt, d. h. Sie können jeden Prüfungsteil zweimal üben.

TIPP

Das Foto bei der Aufgabe illustriert das Thema.
Es zeigt aber meistens nur einen Aspekt.
Achten Sie darauf, dass Sie die vier Inhaltspunkte bearbeiten und nicht nur zu dem Foto etwas schreiben.

specialty store

Sie schreiben einen Forumsbeitrag zum Thema *Einkaufen in Fachgeschäften.*

- Äußern Sie Ihre Meinung zum Thema *Fachgeschäfte*.
- Nennen Sie mindestens einen Grund für das Sterben von Fachgeschäften.
- Nennen Sie Vorteile für den Einkauf in Fachgeschäften.
- Nennen Sie Nachteile für den Einkauf in Fachgeschäften.

Denken Sie an eine Einleitung und an einen Schluss. Bei der Bewertung wird darauf geachtet, wie genau die Inhaltspunkte bearbeitet sind, wie korrekt der Text ist und wie gut die Sätze und Abschnitte sprachlich miteinander verknüpft sind. Schreiben Sie mindestens **150** Wörter.

TIPP

Markieren Sie in der Aufgabenstellung alle wichtigen Schlüsselwörter. So übersehen Sie keinen Aspekt. Teilen Sie sich Ihre Zeit so ein, dass Sie am Ende noch Zeit für eine Selbstkorrektur haben. Erstellen Sie eine Liste mit Ihren „Lieblingsfehlern" und achten Sie bei der Selbstkorrektur besonders auf diese Fehler. Im Lösungsschlüssel finden Sie eine Beispielliste mit typischen Fehlern. Sie können aber auch Ihre Lehrerin / Ihren Lehrer fragen, welche Fehler gern gemacht werden.

Teil 2

vorgeschlagene Arbeitszeit: 25 Minuten

Sie haben Ihrer Chefin versprochen, am kommenden Sonntag für sie auf eine Messe zu gehen. Nun stellen Sie fest, dass Sie für diesen Tag bereits verplant sind, und schreiben ihr eine Nachricht.

Schildern Sie Ihre Situation.

Bitten Sie um Verständnis für Ihre Situation.

Zeigen Sie Verständnis für die Situation Ihrer Chefin.

Machen Sie einen Alternativvorschlag.

Überlegen Sie sich eine passende Reihenfolge für die Inhaltspunkte. Bei der Bewertung wird darauf geachtet, wie genau die Inhaltspunkte bearbeitet sind, wie korrekt der Text ist und wie gut die Sätze und Abschnitte miteinander verknüpft sind. Vergessen Sie nicht Anrede und Gruß. Schreiben Sie mindestens **100** Wörter.

Teil 1

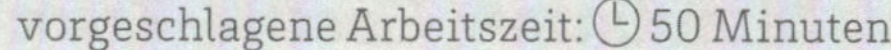
vorgeschlagene Arbeitszeit: 50 Minuten

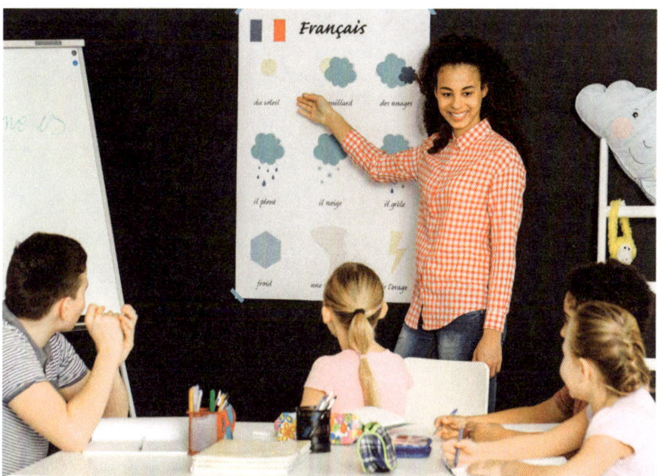

Sie schreiben einen Forumsbeitrag zum Thema *Fremdsprachenunterricht an Schulen*.

- Äußern Sie Ihre Meinung zur Pflicht einer zweiten Fremdsprache an Schulen.
- Nennen Sie Gründe für das Erlernen einer oder mehrerer Fremdsprachen.
- Nennen Sie Vorteile eines Erwerbs mehrerer Fremdsprachen.
- Nennen Sie Schwierigkeiten, die mit einer zweiten Fremdsprache als Pflicht verbunden sind.

Denken Sie an eine Einleitung und an einen Schluss. Bei der Bewertung wird darauf geachtet, wie genau die Inhaltspunkte bearbeitet sind, wie korrekt der Text ist und wie gut die Sätze und Abschnitte sprachlich miteinander verknüpft sind. Schreiben Sie mindestens **150** Wörter.

TIPP

Sie haben nun schon einige Texte geschrieben und dabei sicher herausgefunden, welche Ausdrücke Sie besonders oft und gern benutzen. Prägen Sie sich diese Ausdrücke ein!
Wenn Sie noch nicht so viele Ausdrücke kennen und benutzt haben, wählen Sie einige passende Ausdrücke als Ihre persönlichen Favoriten aus. Versuchen Sie, diese bei der nächsten Schreibaufgabe dann zu benutzen.

Teil 2

vorgeschlagene Arbeitszeit: 25 Minuten

Sie machen ein Praktikum bei einem kleinen Theater und sollen in der Pause das Programmheft verkaufen. Nun müssen Sie wegen Zeitmangels absagen und schreiben eine Nachricht an den Leiter des Theaters.

Entschuldigen Sie sich.

Bitten Sie um Verständnis für Ihre Situation.

Zeigen Sie Verständnis für die Situation des Theaters.

Machen Sie einen Alternativvorschlag.

Überlegen Sie sich eine passende Reihenfolge für die Inhaltspunkte. Bei der Bewertung wird darauf geachtet, wie genau die Inhaltspunkte bearbeitet sind, wie korrekt der Text ist und wie gut die Sätze und Abschnitte miteinander verknüpft sind. Vergessen Sie nicht Anrede und Gruß. Schreiben Sie mindestens **100** Wörter.

TIPP

Lernen Sie ein paar Redemittel und einige Einleitungs- und Schlusssätze auswendig.

V Simulation: Goethe-Zertifikat B2 Schreiben

Schreiben

Zeit: 75 Minuten

Das Modul *Schreiben* hat zwei Teile.

In **Teil 1**
schreiben Sie einen Forumsbeitrag.

In **Teil 2**
schreiben Sie eine Nachricht.

Sie können mit jeder Aufgabe beginnen. Schreiben Sie Ihre Texte auf die **Antwortbogen**.

Bitte schreiben Sie deutlich und verwenden Sie keinen Bleistift.

Wörterbücher und Mobiltelefone sind nicht erlaubt.

Teil 1

vorgeschlagene Arbeitszeit: 50 Minuten

Sie schreiben einen Forumsbeitrag zum Thema *Verkehr.*

- Äußern Sie Ihre Meinung zu einem Tempolimit auf Autobahnen.
- Nennen Sie Gründe für ein Tempolimit.
- Nennen Sie Vorteile eines Tempolimits.
- Nennen Sie Schwierigkeiten, die mit einem Tempolimit verbunden sind.

Denken Sie an eine Einleitung und an einen Schluss. Bei der Bewertung wird darauf geachtet, wie genau die Inhaltspunkte bearbeitet sind, wie korrekt der Text ist und wie gut die Sätze und Abschnitte sprachlich miteinander verknüpft sind. Schreiben Sie mindestens **150** Wörter.

Teil 2

vorgeschlagene Arbeitszeit: 25 Minuten

Sie jobben während Ihrer Ausbildung / Ihres Studiums in der Kantine eines internationalen Unternehmens und haben zugesagt, bei der Organisation eines Fests mitzuhelfen. Nun stellen Sie fest, dass es bei der Terminabsprache ein Missverständnis gegeben hat. An dem betreffenden Tag haben Sie leider keine Zeit. Sie schreiben an den Chef der Kantine.

Klären Sie das Missverständnis auf.

Schildern Sie Ihre Situation.

Zeigen Sie Verständnis für die Situation des Kantinenchefs.

Machen Sie einen Vorschlag, wie Sie anderweitig mithelfen könnten.

Überlegen Sie sich eine passende Reihenfolge für die Inhaltspunkte. Bei der Bewertung wird darauf geachtet, wie genau die Inhaltspunkte bearbeitet sind, wie korrekt der Text ist und wie gut die Sätze und Abschnitte miteinander verknüpft sind. Vergessen Sie nicht Anrede und Gruß. Schreiben Sie mindestens **100** Wörter.

Modul Sprechen

I Informationen zur Prüfung Goethe-Zertifikat B2 Sprechen

Die **Prüfung Sprechen** hat zwei Teile und dauert circa 15 Minuten.

Vorbereitung:
Die Teilnehmenden bekommen die Aufgabenblätter und haben 15 Minuten Zeit, sich auf die Prüfung vorzubereiten. Sie haben die Möglichkeit, Notizen zu machen, sollen in der Prüfung aber frei sprechen.

Am Anfang stellt sich die/der Prüfende vor und fragt die Teilnehmenden kurz nach ihren Namen. Es empfiehlt sich, nicht nur zu sagen, wie man heißt, sondern auch, woher man kommt und was man (beruflich) in Deutschland macht. Die Aussagen werden nicht bewertet.

Die Prüfung Sprechen ist eine Paarprüfung, d. h. es gibt zwei Teilnehmende. Falls es nur eine(n) Teilnehmende(n) gibt, übernimmt ein(e) Prüfende(r) die Rolle des/der zweiten Teilnehmende(n).

Übersicht über die einzelnen Prüfungsteile

Teil	Texttyp	Aufgaben	Zeit	Ziel
1	Vortrag	Sie halten einen kurzen Vortrag über ein Thema, das Sie aus zwei vorgegebenen Themen ausgewählt haben. Ihr/e Gesprächspartner/in stellt im Anschluss Fragen zu Ihrem Vortrag. Der/Die Prüfende kann ebenfalls Fragen stellen.	4 Minuten (für eine Person)	Sie zeigen, dass Sie einen strukturierten Vortrag mit Einleitung, Hauptteil und Schluss halten und auf Nachfragen angemessen antworten können. Sie zeigen, dass Sie einem Vortrag inhaltlich folgen können, indem Sie weiterführende Fragen stellen.
2	Diskussion	Sie diskutieren über ein vorgegebenes Thema anhand vorgegebener Stichpunkte, die Sie in der Diskussion neben eigenen Stichpunkten verwenden können. Sie tauschen mit Ihrer Partnerin / Ihrem Partner Meinungen aus, Sie reagieren gegenseitig auf Argumente, und Sie fassen am Ende die Ergebnisse des Gesprächs zusammen. Sie müssen sich am Ende nicht auf eine bestimmte Meinung einigen.	5 Minuten (für zwei Personen)	Sie zeigen, dass Sie in einer längeren Diskussion zielführend Argumente, Vorschläge und Nachfragen im passenden Register vorbringen und auf die Beiträge Ihrer Partnerin / Ihres Partners angemessen reagieren können.

II Einstieg zum Sprechen

A Eine Diskussion beginnen

Lesen Sie die Texte A–C. Sie sind damit nicht einverstanden. Äußern Sie jeweils eine andere Meinung. Sie können die angegebenen Ausdrücke und Argumente verwenden.

TIPP
Machen Sie Notizen, aber sprechen Sie danach frei.

A
Ich finde es gut, dass wir in Deutschland lange Semesterferien haben. Das gibt mir Zeit, andere Regionen und Länder richtig kennenzulernen. Im Beruf hat man nicht mehr so viel Zeit, gesetzlich vorgeschrieben sind 24 Urlaubstage pro Jahr. Immerhin ist das viel mehr als in anderen Ländern wie den USA oder Japan. Kein Wunder, dass aus solchen Ländern Touristengruppen kommen und täglich die Betten wechseln: Gestern Paris, heute Berlin und morgen Rom oder Athen!

für mich ist in Bezug auf Urlaub wichtig, dass • im Vordergrund sollte ... stehen • natürlich wäre es schön, auch mal ..., aber ... • ... kommt für mich nicht infrage, weil ... • auf keinen Fall ist es gut für die Firmen, wenn ... • durch geführte Reisen mehr Informationen über ein Land bekommen • einen unkomplizierten Urlaub verbringen • sich nach einer Woche langweilen • schnell wieder zu Hause sein • in kurzer Zeit viel sehen • Firmen sollten selbst bestimmen, wie viel Urlaub ...

B
Elegante Kleidung ist ganz allgemein sehr wichtig. Dabei geht es um die Pflege eines individuellen Stils, der die eigene Persönlichkeit unterstreicht. Das gibt einem nicht nur ein besseres Gefühl; auch beruflich wird man anders wahrgenommen. Nachgewiesenermaßen erfährt man so mehr Respekt und Anerkennung.

es kommt immer darauf an, was man ... • wenn man der Einzige ist, der ... • ich möchte vor allen Dingen, dass ... • ich glaube, das hat jeder schon mal erlebt • wenn die Freunde und Kollegen ... • ich möchte auf keinen Fall ... • das steht nicht jedem wirklich gut • das ist auch eine Frage des Geldes • ich will mich nicht hinter der Kleidung verstecken ... • keinen Beruf ergreifen, in dem man sich nicht kleiden darf, wie man will ...

C

Wenn ich Freunde zum Abendessen einlade, nutze ich die Gelegenheit, um ein japanisches Essen vorzubereiten. Nicht nur weil mir das schmeckt; ich finde, man sollte auch anderen Esskulturen offen gegenüberstehen. In vielen Städten gibt es Essen aus der ganzen Welt zu entdecken. Kulturelle Vielfalt spiegelt sich gerade auch darin. Und bei Reisen ins Ausland ist die dortige Speisekarte einfach Pflicht.

niemand sollte einem beim Essen Vorschriften machen, weil ... • je einfacher das Essen ist, desto besser ... • ausländische Gerichte nachkochen, das ist doch nicht ... • ich koche zwar auch gern, aber ... • Allergien gegen bestimmte Lebensmittel • ausländische Restaurants in Deutschland nicht immer authentisch • Essen gehen eine Frage des Preises • Qualität wichtiger als eine bestimmte Landesküche ... • dazu passt am besten ... • Gästen kein bestimmtes Essen aufzwingen • ...

B Die Meinung sagen – eine Meinung teilen oder ablehnen

HILFE

Schritt für Schritt

Bei der folgenden Übung geht es darum, dass Sie möglichst flüssig eine Meinung vertreten. Es ist nicht wichtig, ob diese Äußerungen das ausdrücken, was Sie tatsächlich denken.

Sie lesen 6 Meinungsäußerungen. Sie sollen zustimmen oder ablehnen. Begründen Sie, warum Sie dafür oder dagegen sind. Sie können die folgenden Ausdrücke verwenden.

ich bin auch / nicht dieser Meinung • vielleicht sollte man lieber ... • das geht wohl leider nicht, weil ... • das ist sinnvoll / sinnlos • das sollte man verbieten / erlauben • es ist sicher besser, wenn ... • ich finde es richtig / falsch, dass ... • meiner Meinung nach kann jeder ...

TIPP

Sprechen Sie die Antworten zuerst, danach schreiben Sie.

Beispiel:

0 Sie sind nicht einverstanden.

terrible

Tote Tiere essen, das ist einfach schrecklich!
Alle Menschen sollten vegan leben!

Natürlich kann jeder Mensch selbst bestimmen, was er essen will. Wenn jemand kein Fleisch essen mag, ist das völlig in Ordnung. Aber ich bin der Meinung, dass unser Körper sowohl Proteine als auch Kohlehydrate braucht. Wir sollten Obst und Gemüse essen, aber auch Eier und Käse – und manchmal auch Fleisch!

1 Sie sind einverstanden.

Wenn wir wirklich wollen, dass die Luft in den Städten sauberer wird, dann muss der private Autoverkehr im Stadtzentrum verboten werden.

2 Sie sind nicht einverstanden.

Warum sollen kleine Kinder in den Kindergarten gehen? Bis sie in die Schule müssen, sind Kinder in der Familie am besten aufgehoben!

3 Sie sind nicht einverstanden.

Ein Kind braucht kein teures Smartphone. Ein einfaches Handy genügt völlig.

4 Sie sind einverstanden.

Wenn ich sehe, dass große Hunde mitten in der Stadt in kleinen Wohnungen leben müssen, dann möchte ich am liebsten den Tierschutz anrufen.

5 Sie sind nicht einverstanden.

Das Grillen im Park sollte verboten werden. Nach jedem Wochenende sehen die Parks aus wie Müllplätze!

6 Sie sind einverstanden.

Der öffentliche Verkehr in den großen Städten muss kostenlos sein!

C Über Erfahrungen sprechen

1 In welcher Lebenssituation könnten die Personen A–D gerade sein?
Wie denken sie in ihrer Situation möglicherweise über das Heiraten?

TIPP
Machen Sie Notizen zu den Bildern. Danach sprechen Sie frei.

Person A
So eine Hochzeit ist schön, aber … Als Schauspielerin ist es nicht einfach, …

Person B

Person C

Person D

2 Erfinden Sie einen Erfahrungsbericht anhand der Stichpunkte. Machen Sie zu jedem Punkt kurze Notizen. Erzählen Sie danach frei, ohne zu lesen.

vor zwei Jahren erstes Mal in Moskau – Reisevorbereitung – Unterkunft? ______________________________

Fahrkartenautomat am Flughafen in Moskau – Sprache ______________________________

Hilfe – Bargeld ______________________________

U-Bahn: Stadtzentrum – Foto von einem Hotel – Informationen? ______________________________

U-Bahn-Station richtig? – weiter zum Hotel – Aktivitäten am nächsten Tag ______________________________

3 Berichten Sie von einer Reise. Sie können die folgenden Ideen und Ausdrücke verwenden.

TIPP
Machen Sie Notizen, danach erzählen Sie frei, ohne abzulesen.

Wann?	vor ein paar Jahren • im letzten Sommer • in meinem Urlaub • ...
Mit wem?	mit meinen Eltern • mit Freunden • mit einer Reisegruppe • ...
Was?	Städtereise • Abenteuerreise • Badeurlaub • Sprachferien • Studienreise • ...
Womit?	Zug • Bus • Auto • Flugzeug • Fahrrad • Schiff • ...
Vorbereitungen	Flug/Hotel buchen • Fahrkarte kaufen • Platz reservieren • Auto volltanken • ...
Unterkunft	Hotel • bei Freunden/Verwandten • Jugendherberge • Hostel • Campingplatz • ...
Bewertung	hat mir gut gefallen • war wunderschön • fand ich etwas langweilig • hat Spaß gemacht • das Schönste war • am besten hat mir gefallen, dass • ich erinnere mich gern an • fand ich nicht so gut • war total schrecklich

D Eine Diskussion beenden

1 Was können Sie mit den Sätzen a–h ausdrücken? Kreuzen Sie A oder B an.

A Sie sind bereit, die Meinung Ihrer Partnerin / Ihres Partners zu teilen.
B Sie möchten, dass Ihre Partnerin / Ihr Partner Ihnen zustimmt.

		A	B
a	Ich schlage vor, dass du dir meine Argumente noch einmal genau anschaust.	☐	☒
b	In manchen Punkten hast du recht, aber am wichtigsten ist doch, dass ...	☐	☐
c	Ich bleibe bei meiner Meinung.	☐	☐
d	Das finde ich sehr überzeugend. Du meinst also, dass ...	☐	☐
e	Ich verstehe deine Argumente, aber ich meine trotzdem, dass ...	☐	☐
f	Eigentlich bin ich nicht ganz deiner Meinung, aber vielleicht ist es so, wie du sagst.	☐	☐
g	Ja, das klingt ziemlich vernünftig. Allerdings hast du vergessen, dass ...	☐	☐
h	Ich sehe die Sache genauso, das ist wohl richtig.	☐	☐

TIPP
Sie müssen am Ende der Diskussion das Ergebnis zusammenfassen. Sie müssen aber nicht einer Meinung sein.

2 Mit welchen Sätzen kann man eine Diskussion zusammenfassen? Kreuzen Sie an.

a ☐ Wir hatten am Anfang ganz verschiedene Meinungen.
b ☐ Ich finde nicht, dass du recht hast.
c ☐ Am Ende haben wir uns darauf geeinigt, dass ...
d ☐ Vor allem sollten Sie bedenken, dass ...
e ☐ Solche Argumente können mich nicht überzeugen.
f ☐ Wir denken beide, dass ...
g ☐ Als Resultat der Diskussion hat sich gezeigt, dass ...
h ☐ Wir konnten uns nicht ganz einigen, aber wir denken, dass ...
i ☐ Wir konnten uns nicht einigen und fassen unsere Positionen noch einmal zusammen: ...

III Übungen zum Sprechen

A Einen Vortrag halten

HILFE

Schritt für Schritt

Wenn Sie einen Vortrag vorbereiten, denken Sie daran, dass Sie am Anfang das Thema nennen und am Ende die Zuhörerinnen und Zuhörer auffordern, Fragen zu stellen.

Im Hauptteil des Vortrags sollen Sie verschiedene Aspekte eines Themas beschreiben und die Vor- und Nachteile bewerten. Es soll auch deutlich werden, welchen Aspekt Sie für besonders wichtig oder interessant halten.

1 Eine Präsentation vorbereiten

Wann sagen Sie das? Ergänzen Sie den jeweiligen Buchstaben.

A Am Anfang
B Wenn Sie mit einem neuen Textabschnitt beginnen.
C Am Ende

a Ich komme jetzt zu einem anderen Punkt. [B]
b Ich danke für Ihre Aufmerksamkeit. [ ]
c Ich möchte über dieses Thema sprechen: ... [ ]
d Der folgende Punkt erscheint mir besonders interessant. [ ]
e Damit komme ich zum Ende meines Vortrags. [ ]
f Ich werde zuerst verschiedene Möglichkeiten zeigen, dann spreche ich über die Vor- und Nachteile. [ ]
g Vielleicht möchte jemand noch eine Frage stellen? [ ]
h Ich möchte als Nächstes über ... sprechen. [ ]

HILFE

Schritt für Schritt

Strukturieren Sie Ihren Vortrag:

Nachdem Sie das Thema genannt und eingeleitet haben, kommen Sie zum Hauptteil.

Dort beschreiben Sie mehrere Aspekte des Themas kurz und einen Aspekt genauer. Hier können Sie Ihre eigenen Erfahrungen oder die Situation in Ihrem Heimatland einbringen.

Danach sprechen Sie über Vor- und Nachteile. Dazu geben Sie Beispiele. An dieser Stelle machen Sie auch Ihre Meinung deutlich.

Am Ende fordern Sie die Zuhörer auf, Fragen zu stellen.

2 Den Hauptteil eines Vortrags strukturieren

Lesen Sie die Aufgaben und Beispiele zu den drei folgenden Themen und ergänzen Sie eigene Stichpunkte. Sie können die angegebenen Argumente verwenden.

TIPP

Machen Sie zu jedem Punkt Notizen.
Sprechen Sie danach frei, ohne zu lesen.

Thema 1: Einkaufen im Internet

mögliche Argumente

keine Möglichkeit, etwas aus- oder anzuprobieren • Paketdienste mit Billiglöhnen • preisgünstige Angebote • kostenlos zurückschicken • in der Stadt einkaufen: Spaßfaktor • soziale Bindung beim Einkauf mit Freunden • Transportlogistik • Geschäftesterben • ...

Aufgaben	*Beispiele*
a Beschreiben Sie mehrere Möglichkeiten.	*Wie sieht das Warenangebot im Internet aus?* Einkaufen im Internet heute selbstverständlich viele verschiedene Angebote
b Beschreiben Sie eine Möglichkeit genauer.	*Erzählen Sie genauer von einem Internetkauf, den Sie selbst oder den Freunde erlebt haben.* Elektronikartikel – unterschiedliche Preise, ändern sich oft eigener Smartphonekauf Vergleich Elektronikmarkt – Internet ...
c Sprechen Sie über die Vor- und Nachteile beim Internet-Einkauf und bewerten Sie diese.	*Sagen Sie Ihre Meinung und nennen Sie positive und negative Aspekte.* große Warenverfügbarkeit in Fachhandel und großen Warenhäusern nicht alles verfügbar kleine Geschäfte sterben Transportdienste bezahlen Mitarbeiter schlecht

Thema 2: Autoverbot in der Stadt am Sonntag?

mögliche Argumente

die Stadt zu Fuß erleben • Reduzierung der Luftverschmutzung • Berufe mit Sonntagsarbeit • Lärmbelästigung • Ausflugsfahrten • Besuch von Verwandten oder Freunden im Krankenhaus • Anreise zu Veranstaltungen • private Umzüge: Möbeltransport • ...

a Beschreiben Sie mehrere Bereiche.

b Beschreiben Sie einen Bereich genauer.

c Nennen Sie Vor- und Nachteile und bewerten Sie diese.

Thema 3: Frühes Fremdsprachenlernen?

mögliche Argumente

in vielen Ländern mehrere Sprachen • mit acht bis zehn Jahren frühe Lernphase abgeschlossen, danach Sprachenlernen schwerer • Überforderung der kleinen Kinder • das Gehirn schafft mehrere Sprachen • zum Lernen ist Schule da, nicht Kindergarten • Landessprache und Muttersprache • mehrsprachige Familien • Mehrsprachigkeit fördert Gehirnaufbau • Mehrsprachigkeit: keine Sprache richtig können • ...

a Beschreiben Sie verschiedene Aspekte des Themas.
b Beschreiben Sie einen Aspekt genauer.
c Nennen Sie Vor- und Nachteile und bewerten Sie diese.

3 Fragen nach dem Vortrag stellen

Beantworten Sie die folgenden Fragen zu den Themen aus Aufgabe 2. Machen Sie Notizen und sprechen Sie.

HILFE

Schritt für Schritt
Nach dem Vortrag stellt Ihre Partnerin / Ihr Partner Fragen. Sie antworten und ergänzen Ihren Vortrag. Durch die Fragen und Ihre Antworten soll sich ein kurzes Gespräch entwickeln.

Thema 1: Einkaufen im Internet

Frage Ihrer Partnerin / Ihres Partners	*Ihre Antwort*
Du hast gesagt, dass du lieber im Geschäft einkaufst. Glaubst du nicht, dass viele Artikel im Internet billiger sind?	*Preise im Internet unterschiedlich*
Es ist natürlich richtig, dass durch den Internet-Handel immer mehr Geschäfte schließen müssen. Siehst du denn eine Möglichkeit, wie man das ändern könnte?	*besserer Service der Geschäfte*
Würdest du zum Beispiel eine neue Haustür lieber im Baumarkt kaufen oder im Internet bestellen?	*kommt auf Lieferbedingungen an*

Thema 2: Autoverbot in der Stadt am Sonntag?

Wenn wir die autofreien Sonntage einführen, dürfen dann auch keine öffentlichen Busse mehr fahren? Krankentransporte und Taxis müssten auch erlaubt sein, finde ich. Wie siehst du das?

Du hast gesagt, dass die Luft in den großen Städten viel besser wird, wenn wenigstens an einem Tag der Woche keine Autos fahren dürfen. Dann wäre es doch am besten, die Innenstadt zur Fußgängerzone zu machen. Was meinst du dazu?

Natürlich ist es schön, wenn große Konzerte und Ausstellungen mitten in der Stadt stattfinden können. Aber dafür braucht man doch nicht den ganzen Verkehr zu stoppen, finde ich.

Thema 3: Frühes Fremdsprachenlernen?

Du hast gesagt, dass mehrsprachige Kinder flexibler sind und bessere Chancen haben. Kannst du dafür ein Beispiel nennen?

Was passiert, wenn ein kleines Kind eine Fremdsprache gelernt hat und dann ziehen die Eltern um, sie kehren z. B. in ihr Heimatland zurück. Was meinst du?

Meine Nachbarin kommt aus Japan. Sie möchte gern, dass ihr kleiner Sohn Japanisch mit ihr spricht, aber das will er nicht. Er versteht sie wohl, aber er antwortet immer auf Deutsch. Hast du dafür eine Erklärung?

B Diskussion

HILFE

Schritt für Schritt

Wenn Sie mit Ihrer Partnerin / Ihrem Partner diskutieren, sollen Sie vor allem zeigen, dass Sie das Gespräch weiterbringen können. Hören Sie gut zu, wenn Ihre Partnerin / Ihr Partner spricht, und antworten Sie immer direkt auf das, was sie/er gesagt hat. Danach versuchen Sie, das Gespräch weiter voranzubringen.

1 Freundlich widersprechen

a Was will der Sprecher erreichen? Schreiben Sie die unterstrichenen Wörter in die Tabelle. Es gibt mehrere Lösungen.

1 Ich wollte eigentlich sagen, dass ...
2 Ich bin nicht ganz mit dir einverstanden.
3 Auf jeden Fall ist es doch so, dass ...
4 Der Grund ist wahrscheinlich ...
5 Ich kann das an einem Beispiel zeigen.
6 Ich denke wirklich, dass ...
7 Man könnte vielleicht sagen, dass ...
8 In erster Linie geht es mir darum, ...
9 Das ist absolut notwendig.

ein Argument verstärken	ein Argument abschwächen	etwas erklären
auf jeden Fall		

b Widersprechen Sie Ihrer Partnerin / Ihrem Partner höflich. Sie können die folgenden Ausdrücke verwenden.

Das überzeugt mich nicht ganz. • Man sollte vielleicht auch bedenken, dass ... • Meiner Meinung nach ... • Ja, einerseits hast du recht, aber andererseits ... • Man müsste auch berücksichtigen, dass... • Ich würde gern noch einen anderen Punkt ansprechen ... • Das sehe ich etwas anders: ... • ...

TIPP

Sprechen Sie die Antworten zuerst, danach schreiben Sie.

Beispiel: Luftverschmutzung in Städten

◆ Ich finde, im Stadtzentrum dürfen überhaupt keine Privatautos fahren. Die Luft, die wir in der Stadt atmen müssen, wird jedes Jahr schmutziger.

○ Ja, das stimmt natürlich, die Luft in den Städten ist wirklich ungesund. Aber ich glaube, das liegt vor allem an den vielen Häusern, die mit Öl oder Kohle geheizt werden.

1 *Einkaufstaschen aus Papier oder Plastik*

◆ Bei uns im Supermarkt gibt es jetzt nur noch Papiertüten. Das ist doch Unsinn! Die Papiertüten sind sofort kaputt, Plastiktüten kann man öfter benutzen.

○ ...

2 *Energieträger*

◆ Atomkraft ist die billigste und sauberste Energie, die es auf der Welt gibt. Alles andere, Erdgas, Kohle, Bioenergie, Wind oder Sonne, ist teuer und schädlich für die Umwelt.

○ ...

3 *Einkaufszentrum oder Einzelhändler*

◆ Am Stadtrand gibt es jetzt ein riesengroßes, tolles Einkaufszentrum. Da findet man alles und wir müssen nicht mehr zum Bäcker, zum Metzger, zum Gemüsemarkt usw.

○ ...

4 *Einkaufen im Internet*

◆ Ich wohne auf dem Land, da gibt es nur einen kleinen Supermarkt und eine Drogerie. Deshalb kaufen wir alles im Internet, auch Lebensmittel, das klappt prima.

○ ...

5 *Alleine lernen oder in einer Gruppe*

◆ Am besten kann man lernen, wenn man ganz allein ist. Die Idee, in einer Gruppe zu lernen, finde ich ganz falsch.

○ ...

6 *Lärm durch Kinder*

◆ Der Kinderspielplatz in unserer Wohnanlage ist furchtbar! Die Kinder sind so laut, sie schreien den ganzen Tag. Warum spielen die Kinder nicht zu Hause?

○ ...

7 *Carsharing*

◆ Heutzutage ist es nicht nötig, ein Auto zu kaufen. Seit es in allen großen Städten Carsharing gibt, ist es viel billiger, ein Auto zu mieten.

○ ...

8 *Tatoos*

◆ Meine Freundin hat ein wunderbares Tattoo auf der Schulter: eine große Blume mit einem bunten Schmetterling. Das möchte ich auch haben!

○ ...

2 Diskutieren

HILFE

Schritt für Schritt
Am besten nehmen Sie Ihre eigenen Diskussionsbeiträge mit dem Handy auf und hören sie danach zur Kontrolle.

a Ordnen Sie die folgenden Sätze den Situationen zu. Sie können die Diskussion damit steuern.

Sätze

1 Das habe ich nicht ganz verstanden. Kannst du das nochmal erklären?
2 Halt! Dazu möchte ich auch mal etwas sagen.
3 Darüber sollten wir genauer sprechen. Vielleicht kannst du deinen Standpunkt noch einmal wiederholen.
4 Das ist meine Meinung, aber jetzt sag du doch mal, was du denkst!
5 Vielleicht muss ich das noch besser erklären. Ich kann dir dazu ein Beispiel nennen.

Situationen

a Sie brauchen ein bisschen Zeit zum Nachdenken.
b Sie bemerken, dass Ihre Partnerin / Ihr Partner Sie nicht richtig verstanden hat.
c Ihre Partnerin / Ihr Partner lässt Sie nicht zu Wort kommen.
d Sie verstehen Ihre Partnerin / Ihren Partner nicht.
e Ihre Partnerin / Ihr Partner beteiligt sich nur sehr wenig an der Diskussion.

b Lesen Sie die Statements zu den beiden folgenden Themen und notieren Sie eigene Antworten.

TIPP

Lesen Sie erst alle Beiträge, damit Sie wissen, wie sich die Diskussion entwickelt.

Was würden Sie auf diese Statements antworten?

Thema 1: Führerschein mit 16?

Ihre Partnerin / Ihr Partner meint, dass Jugendliche ab 16 Jahren den Führerschein bekommen sollten. Sie sind dagegen. Reagieren Sie auf die Argumente 1–4.

Argumente Ihrer Partnerin / Ihres Partners
Beispiel:

Gerade junge Leute brauchen heute Bewegungsfreiheit. Wenn man auf dem Land wohnt, fühlt man sich ohne Führerschein völlig abgeschnitten von allem, was Spaß macht. Wenn wir den Führerschein mit 16 Jahren machen könnten, wäre unsere Situation viel besser.

Ihre Argumente

Da bin ich ganz anderer Meinung! Das ist doch viel zu gefährlich. Die Jugendlichen sollten mit den öffentlichen Verkehrsmitteln fahren. Damit kommen sie überallhin und es kann ihnen nichts passieren. Und mit dem Schülerticket ist es auch sehr billig.

Modul Sprechen

1 Die öffentlichen Verkehrsmittel reichen nicht aus. Vor allem abends und am Wochenende gibt es oft überhaupt keine Verbindungen zwischen der Stadt und den umliegenden Dörfern. Ich wohne in Birnbach, Niederbayern. Die nächste größere Stadt ist Passau, da gehe ich zur Schule, da wohnen meine Freunde. Es gibt Kinos, Tanzclubs, Konzerte – und der letzte Zug fährt um 21.13 Uhr!

2 Natürlich kann meine Mutter mich ab und zu nach einem Konzert abholen. Wir organisieren das auch zusammen mit anderen Familien aus dem Dorf, aber das klappt meistens nicht so richtig gut: Immer kommt bei der Rückfahrt jemand zu spät oder er fehlt ganz. Mit den Erwachsenen gibt es dann Ärger. Wirklich, ich brauche den Führerschein, aber ich bin erst 16.

3 In der Statistik heißt es immer wieder, dass junge Leute die meisten Autounfälle verursachen. Das würde mir nicht passieren! Für mich bedeutet der Führerschein Unabhängigkeit, deshalb wäre ich sehr vorsichtig und würde niemals Alkohol trinken, wenn ich mit dem Auto unterwegs bin.

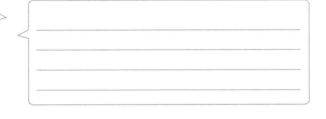

4 Ich kann schon ziemlich gut Auto fahren, weil meine Mutter mit mir übt. Im nächsten Jahr mache ich bestimmt den Führerschein, aber zuerst muss ich dann immer mit einer Begleitperson fahren. Das finde ich nicht gerade cool, es geht nur leider nicht anders.

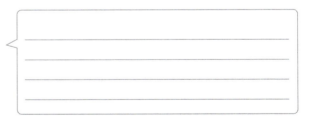

Thema 2: Ernährung in der Welt von morgen?

Ihre Partnerin / Ihr Partner meint, dass wir unsere Essgewohnheiten ändern müssen. Damit sind Sie nicht einverstanden. Reagieren Sie auf die Argumente 1–5.

1 Viele Wissenschaftler sagen, dass die Erde nur dann acht Milliarden Menschen ernähren kann, wenn wir weitgehend auf Fleisch verzichten. Man verbraucht einfach viel zu viel fruchtbares Land, Wasser und Futtermittel, um Rinderbraten oder Steaks herzustellen.

Sicher, ein Mensch allein kann nur wenig verändern. Aber wenn das alle Menschen tun würden, dann wäre die Situation in der Zukunft ganz anders. Wenn niemand mehr Fleisch kaufen will, dann wird bestimmt nicht mehr so viel produziert und auf dem Weideland könnten Getreide, Obst und Gemüse wachsen. 2

3 Die Landwirtschaft muss natürlich ganz anders arbeiten. Es darf keine riesigen Maisfelder mehr geben, deren Produkte nur für die Bio-Energie benutzt werden. Die Bauern müssen wieder so arbeiten wie früher: kleine Felder mit unterschiedlichem Anbau, Kartoffeln neben einem Getreidefeld, eine Obstwiese neben einem Gemüsegarten.

Lebensmittel sind heutzutage viel zu billig. Es darf nicht so sein, dass europäisches Hühnerfleisch nach Afrika exportiert wird und dort weniger kostet als die afrikanischen Produkte. Wenn es in der Landwirtschaft keine Monokultur gibt, wenn die Felder kleiner sind, können die großen Maschinen nicht eingesetzt werden. Dann werden in der Landwirtschaft viel mehr Arbeitskräfte gebraucht. 4

5 Meiner Meinung nach ist die Frage der Ernährung das wichtigste Problem, das die Menschheit in Zukunft lösen muss. Vielleicht finden die Wissenschaftler ja eine Lebensmittel-Wunderpille, die man nur einmal am Tag nehmen muss und die ganz billig herzustellen ist. Aber ich glaube ja eigentlich nicht an Wunder!

3 Für und gegen etwas argumentieren: *Fastfood und Fastfood-Restaurants*
Lesen Sie die Argumente in dem folgenden Dialog. Markieren Sie jeweils zwei Argumente und formulieren Sie dazu eine Gegenposition. Die angegebenen Argumente können Ihnen dabei helfen.

mögliche Argumente

neue Freunde finden • Gerichte aus aller Welt • schmeckt langweilig • Zeit sparen • chemische Zusätze • Spaß beim Kochen • gemütlich sitzen und essen • immer die gleichen Gerichte • in Ruhe essen • Essen zum Mitnehmen • bedient werden • ungestört miteinander reden • gemütliche Restaurants • langsam essen ist gesund • freundliche Atmosphäre • Vegetarismus • mit Freunden Spaß haben • neue Rezepte ausprobieren • wenn man hungrig ist, schnell etwas essen • nicht viel Geld ausgeben • Lieblingsessen • nach dem Fitness-Center • Freunde einladen • gesund essen • ohne Stress ausgehen • Selbstbedienung • ...

	Person A *(für Fastfood und Fastfood-Restaurants)*	*Person B* *(gegen Fastfood und Fastfood-Restaurants)*
a	Fastfood ist lecker! Ich ...	Für die meisten Jugendlichen gibt es eine Phase, in der sie mit Begeisterung billige Bratwürste und fettige Kartoffeln essen. Tatsächlich sind es künstliche Geschmacksstoffe, die das Essen am Kiosk so attraktiv machen. Diese Stoffe sind gefährlich.
b	Meistens geht man nicht allein zum Fastfood, es ist ein Ort, wo man mit Freunden und Bekannten zusammen ist. Es ist immer total lustig, wenn meine Kumpel und ich dort essen. Wir lachen und reden; man erfährt, was jeder gerade so macht; irgendjemand erzählt einen Witz. Und wir treffen da oft auch neue Leute, die gut zu uns passen.	__________
c	__________	Ich finde gutes Essen sehr wichtig. Deshalb koche ich meistens alles selbst, ich esse auch mittags nicht in der Kantine, sondern nehme ein belegtes Brot und Salat mit ins Büro. Ich habe Spaß beim Kochen und probiere gern neue Rezepte aus. Außerdem ist das Kochen für mich entspannend, ich kann dabei gut nachdenken.

d

Wenn ich abends von der Arbeit komme, will ich nicht mehr einkaufen und stundenlang kochen. Lieber nehme ich beim Italiener eine Pizza mit oder hole mir ein Fastfood-Menü am Kiosk. Das kann ich dann gemütlich zu Hause vor dem Fernseher essen. Auf diese Weise spare ich eine Menge Zeit, die ich für mein Lieblingshobby brauche: Ich entwickle neue Computerspiele, dabei wird es oft sehr spät.

e

Kochen ist für mich ein Vergnügen, weil ich gern exotische Gerichte ausprobiere. Ich habe an einem sehr interessanten Kochkurs teilgenommen, seitdem bin ich ein Fan der asiatischen Küche. Ich möchte kein fertiges Essen kaufen. Ich bin glücklich, wenn ich in der Küche stehe und für meine Freunde etwas Besonderes vorbereite.

f

Man kann in Fastfood-Lokalen oft sehr gemütlich sitzen und reden. Wenn mein Freund und ich nach dem Kino noch etwas essen wollen, gehen wir nicht ins Restaurant. Außerdem hat nach dem Kino kaum noch eins offen. Ich finde Selbstbedienung prima, da weiß ich wenigstens genau, was ich bekomme und was ich dafür bezahlen muss.

g

Natürlich gibt es auch gesundes Fastfood, man kann jede Menge Salate, Gemüse-Burger und Obst bekommen. Ich gehe in der Mittagspause mit meiner Kollegin gern ein bisschen spazieren. Meistens landen wir beim türkischen Fastfood, weil es da so gemütlich ist. Wir kaufen uns Tee, Gemüsekroketten, Brot und Salat – das ist billig und man kann danach gut weiterarbeiten.

IV Training zur Prüfung Sprechen

Teil 1 Vortrag halten

circa 8 Minuten für beide Teilnehmende zusammen

HILFE

In Teil IV ist jeder Prüfungsteil doppelt, d. h. Sie können jeden Prüfungsteil zweimal üben.

Sie nehmen an einem Seminar teil und sollen dort einen kurzen Vortrag halten.
Wählen Sie ein Thema (A oder B) aus. Ihre Gesprächspartnerinnen /
Ihre Gesprächspartner hören zu und stellen Ihnen anschließend Fragen.

Strukturieren Sie Ihren Vortrag mit einer Einleitung, einem Hauptteil und einem Schluss.
Ihre Notizen und Ideen schreiben Sie bitte in der Vorbereitungszeit auf.
Sprechen Sie circa 4 Minuten.

HILFE

In der Prüfung bekommen beide Teilnehmenden ein Kandidatenblatt zu Teil 1, jeweils gekennzeichnet mit „Teilnehmde/r A" oder „Teilnehmende/-r B".

TIPP

Sprechen Sie von Dingen, die Sie gut kennen. Erzählen Sie von eigenen Erfahrungen.

Teilnehmende/-r A / B

Thema A

Familien – moderne Formen des Zusammenlebens

- Beschreiben Sie mehrere Alternativen.
- Nennen Sie Vor- und Nachteile und bewerten Sie diese.
- Beschreiben Sie eine Möglichkeit genauer.

Thema B

Spitzensport: Chancen und Risiken

- Beschreiben Sie mehrere Alternativen.
- Beschreiben Sie eine Sportart genauer.
- Nennen Sie Vor- und Nachteile und bewerten Sie diese.

Modul Sprechen

Teil 2 Diskussion führen

circa 5 Minuten für beide Teilnehmende zusammen

Sie sind Teilnehmende eines Debattierclubs und diskutieren über die aktuelle Frage.

Sollten junge Leute ab 16 Jahren das Wahlrecht bekommen?

- Tauschen Sie Ihren Standpunkt und Ihre Argumente aus.
- Reagieren Sie auf die Argumente Ihrer Gesprächspartnerin / Ihres Gesprächspartners.
- Fassen Sie am Ende zusammen: Sind Sie dafür oder dagegen?

Sie können die Stichpunkte zu Hilfe nehmen.

Junge Politiker / junge Wähler?
Viel / Wenig Interesse für Politik?
Information über politische Themen?
Einfluss von Schule und Eltern?
...

TIPP
Hören Sie gut zu, wenn Ihre Partnerin / Ihr Partner spricht. Antworten Sie freundlich auf ihre/seine Argumente, aber sagen Sie auch Ihre Meinung.

Teil 1 Vortrag halten

circa 8 Minuten für beide Teilnehmende zusammen

TIPP

Sprechen Sie von Dingen, die Sie gut kennen.
Erzählen Sie von eigenen Erfahrungen.

Sie nehmen an einem Seminar teil und sollen dort einen kurzen Vortrag halten.
Wählen Sie ein Thema (A oder B) aus. Ihre Gesprächspartnerinnen /
Ihre Gesprächspartner hören zu und stellen Ihnen anschließend Fragen.

Strukturieren Sie Ihren Vortrag mit einer Einleitung, einem Hauptteil und einem Schluss.
Ihre Notizen und Ideen schreiben Sie bitte in der Vorbereitungszeit auf.
Sprechen Sie circa 4 Minuten.

HILFE

In der Prüfung bekommen beide Teilnehmenden ein Kandidatenblatt zu Teil 1, jeweils gekennzeichnet mit „Teilnehmde/r A" oder „Teilnehmende/-r B".

Teilnehmende/-r A / B

Thema A

Mobilität im Alltag

- Beschreiben Sie verschiedene Verkehrsmittel.
- Beschreiben Sie die Vor- und Nachteile und bewerten Sie diese.
- Beschreiben Sie Ihren Weg durch die Stadt.

Thema B

Soziale Netzwerke

- Beschreiben Sie verschiedene soziale Netzwerke.
- Beschreiben Sie ein Netzwerk genauer.
- Beschreiben Sie die Vor- und Nachteile und bewerten Sie diese.

Teil 2 Diskussion führen

circa 5 Minuten für beide Teilnehmende zusammen

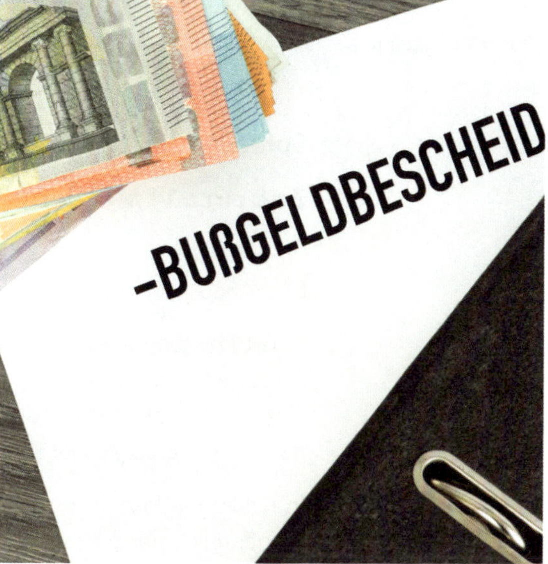

Sie sind Teilnehmende eines Debattierclubs und diskutieren über die aktuelle Frage.

Sollten die öffentlichen Verkehrsmittel in den Städten kostenlos sein?

- Tauschen Sie Ihren Standpunkt und Ihre Argumente aus.
- Reagieren Sie auf die Argumente Ihrer Gesprächspartnerin / Ihres Gesprächspartners.
- Fassen Sie am Ende zusammen: Sind Sie dafür oder dagegen?

Sie können die Stichpunkte zu Hilfe nehmen.

Weniger Verkehr auf der Straße?
Weniger Parkplatzprobleme?
Mehr Steuern für alle?
Überfüllte U-Bahnen?
...

TIPP

Hören Sie gut zu, wenn Ihre Partnerin / Ihr Partner spricht. Antworten Sie freundlich auf ihre/seine Argumente, aber sagen Sie auch Ihre Meinung.

V Simulation: Goethe-Zertifikat B2 Sprechen

HILFE

In der Simulation gibt es jeweils ein Aufgabenblatt pro Teil. In der Prüfung bekommt jeder Kandidat / jede Kandidatin eigene Aufgabenblätter.

Sprechen

Zeit: circa 14 Minuten

Das Modul *Sprechen* hat zwei Teile.

In **Teil 1** halten Sie einen kurzen Vortrag und Sie sprechen mit Ihrer Gesprächspartnerin / Ihrem Gesprächspartner darüber. Wählen Sie dafür ein Thema (A oder B) aus (circa 4 Minuten).

In **Teil 2** tauschen Sie in einer Diskussion Standpunkte aus (circa 5 Minuten).

Ihre Vorbereitungszeit beträgt 15 Minuten (Paarprüfung und Einzelprüfung). Sie bereiten sich allein vor. Sie dürfen Notizen machen. In der Prüfung sollen Sie frei sprechen.

Hilfsmittel wie z. B. Wörterbücher oder Mobiltelefone sind nicht erlaubt.

Teil 1 **Vortrag halten** circa 8 Minuten für beide Teilnehmende zusammen

Sie nehmen an einem Seminar teil und sollen dort einen kurzen Vortrag halten.
Wählen Sie ein Thema (A oder B) aus. Ihre Gesprächspartnerinnen / Ihre Gesprächspartner hören zu und stellen Ihnen anschließend Fragen.

Strukturieren Sie Ihren Vortrag mit einer Einleitung, einem Hauptteil und einem Schluss.
Ihre Notizen und Ideen schreiben Sie bitte in der Vorbereitungszeit auf.
Sprechen Sie circa 4 Minuten.

Teilnehmende/-r A / B

Thema A

Schönheit um jeden Preis?

- Beschreiben Sie verschiedene Möglichkeiten, gut auszusehen.
- Beschreiben Sie die Vor- und Nachteile und bewerten Sie diese.
- Beschreiben Sie eine Möglichkeit genauer.

Thema B

Folgen des Reisens

- Beschreiben Sie verschiedene Arten zu reisen.
- Beschreiben Sie die Vor- und Nachteile und bewerten Sie diese.
- Beschreiben Sie eine Form des Reisens genauer.

Teil 2 Diskussion führen

circa 5 Minuten für beide Teilnehmende zusammen

Sie sind Teilnehmende eines Debattierclubs und diskutieren über die aktuelle Frage.

Sollen alle Kinder möglichst früh in den Kindergarten?

- Tauschen Sie Ihren Standpunkt und Ihre Argumente aus.
- Reagieren Sie auf die Argumente Ihrer Gesprächspartnerin / Ihres Gesprächspartners.
- Fassen Sie am Ende zusammen: Sind Sie dafür oder dagegen?

Sie können die Stichpunkte zu Hilfe nehmen.

Die Eltern sind tagsüber bei der Arbeit?
Zusammen spielen und lernen?
Nicht genug Plätze in Kindertagesstätten / große Gruppen?
Eltern sehen ihr Kind zu wenig?
...

Texttranskriptionen

Hören 1

Peter: Hallo Anna, schön dich zu sehen!

Anna: Ja Peter, Mensch prima, dass ich dich treffe. Ich wollte dich heute Morgen schon anrufen, bin aber leider nicht dazu gekommen.

Peter: Na, was gibt es denn so Dringendes?

Anna: Ich wollte dich fragen, ob du mir am Wochenende dein Auto ausleihen könntest. Wir müssen im Möbelmarkt etwas besorgen und ...

Peter: Ja klar, allerdings geht es nicht am kommenden Wochenende. Wir wollen zum Skifahren in die Berge. Aber das Wochenende danach geht. Meinst du, ihr könnt das so einrichten?

Anna: Kein Problem, ich bin froh, dass es überhaupt klappt. Danke!

Hören 2

Ralf: Grüß dich Anja. Wie geht´s?

Anja: Hallo Ralf, ja gut, aber im Moment habe ich ziemlich viel Stress. Ich weiß gar nicht, wie ich das mit meiner Arbeit alles schaffen soll.

Ralf: Und ich dachte, da wäre noch Zeit bis zum Abgabetermin? Das Projekt läuft doch noch bis Ende Dezember, oder?

Anja: Ja, das stimmt schon. Trotzdem wächst mir im Moment alles über den Kopf.

Ralf: Wie wäre es, wenn du einfach mal Urlaub machst?

Anja: Hm, ich weiß nicht. Ich war doch erst im Winter weg, aber die Arbeit wird ja nicht weniger.

Ralf: Dann nimm doch zumindest ein paar freie Tage. An deiner Stelle würde ich wirklich mal eine Pause machen! Sonst wirst du noch krank.

Hören 3

Moderatorin: Ich begrüße heute Christiane Wegner, Ökologin und Umweltwissenschaftlerin an der Universität Oldenburg. Frau Wegner, Sie sagen: „Wir brauchen für die Zukunft flexiblere Mobilitätskonzepte!" Können Sie uns das näher erklären?

Frau Wegner: Wir sehen es doch tagtäglich, die Städte stehen vor einem Verkehrsinfarkt, allein die Stadt München hat bald so viele Fahrzeuge wie Einwohner, da muss dringend etwas geschehen. Wir müssen Mobilität völlig neu denken, und zwar nicht in dem Sinne der bisherigen Verkehrspolitik mit ihrem Fokus auf Bequemlichkeit und vielleicht auch Schnelligkeit des Individualverkehrs. Vielmehr geht es darum, die individuellen Interessen aller Verkehrsteilnehmer zu berücksichtigen und gleichzeitig für ein verantwortungsvolles, umweltgerechtes Handeln zu sorgen.

Moderatorin: Bedeutet das, dass ich ein schlechtes Gewissen haben muss, wenn ich mein Auto bewege?

Frau Wegner: Nein, so weit würde ich nicht gehen. Aber es kann sinnvollere Alternativen geben. Sehen Sie, wir haben schon heute verschiedene Konzepte des Carsharings, die in den meisten Fällen auch gut funktionieren und überdies eine preiswerte Alternative zum eigenen Auto darstellen.

Moderatorin: Das trifft aber sicherlich nur für die Großstädte zu.

Frau Wegner: Ja, „Come to share" oder „Let´s go" sind ausdrücklich nur für Großstädte entwickelt worden. Und das ist auch vollkommen richtig so. Bei neuen Mobilitätskonzepten sollte zwischen Stadt und Land generell unterschieden werden. Nur so haben sie die Chance, von der Bevölkerung auch tatsächlich angenommen zu werden.

MODERATORIN: Nun sind ja viele Nutzer der beiden von Ihnen genannten Carsharing-Angebote selbst trotzdem noch Autobesitzer. Ist das nicht das Gegenteil von dem, was eigentlich bewirkt werden soll?

FRAU WEGNER: Ja, da sprechen Sie einen wichtigen Punkt an. Hier wäre es erforderlich, dass weitere, flexible Konzepte entwickelt werden und sich auf dem Markt etablieren. Alles in allem ist es dann eine Frage der Zeit, bis sich diese Konzepte durchgesetzt haben und eine sinnvolle Alternative zum eigenen Auto bieten. Bis dahin müssen wir akzeptieren, dass es vorübergehend sogar mehr Autos auf der Straße gibt.

MODERATORIN: Wie könnten denn andere flexible Konzepte konkret aussehen?

FRAU WEGNER: Nun, das Auto ist nicht das einzige Fortbewegungsmittel. Ich denke etwa an die verschiedenen Möglichkeiten des Fahrradverleihs, die uns ja auch heute schon zur Verfügung stehen. Und zum Beispiel auch eine Alternative zum Taxi für ältere oder kranke Menschen, die nicht mit öffentlichen Verkehrsmitteln zum Arzt fahren können. Da sehe ich im Moment noch erheblichen Entwicklungsbedarf.

MODERATORIN: Ja, zumal sich nicht jeder ein Taxi leisten kann.

FRAU WEGNER: Genau. Aber schauen Sie mal, wie das z. B. im Urlaub mit Hotelshuttles funktioniert. Ich frage mich, warum sich bei uns nicht längst die Idee von Groß- und Sammeltaxis etabliert hat, die beispielsweise zwischen wichtigen Punkten der Innenstadt hin- und herfahren. Also, da ist wirklich noch viel Entwicklungsbedarf.

MODERATORIN: Frau Wegner, ich danke Ihnen für dieses Gespräch.

Hören 4

MODERATORIN: Ich freue mich, Sie zu unserer Sendung „Ich und mein Haustier" begrüßen zu dürfen. Unser Thema heute: der Führerschein für Hundebesitzer. In Deutschland werden nach offiziellen Angaben fast zehn Millionen Hunde gehalten. Das heißt, in jeder Nachbarschaft gibt es einen oder mehrere Hunde. Wie die Tiere behandelt werden, das bleibt dem jeweiligen Hundehalter überlassen. Tierschützer fordern daher Schulungen für Hundebesitzer, an deren Ende sie ihre Kenntnisse nachweisen müssen. Im Studio begrüße ich zu diesem Thema Jolanda Reese und Oliver Sturz.

JOLANDA REESE / OLIVER STURZ: Schönen guten Abend!

MODERATORIN: Frau Reese, Sie sagen: Jeder auch noch so kleine Hund muss fachgerecht gehalten werden. Sie setzen sich mit Nachdruck für einen solchen Hunde-Führerschein ein.

JOLANDA REESE: Ja, das ergibt sich schon aus dem Tierschutzgesetz. Ich wundere mich immer wieder darüber, mit wie viel Unwissenheit manche Hundebesitzer mit ihrem Tier umgehen. Da muss dringend etwas passieren.

MODERATORIN: Herr Sturz, Sie mahnen in dieser Hinsicht zur Gelassenheit. Der Staat dürfe nicht zu viele Vorschriften machen. Stattdessen sollte insgesamt mehr Aufklärungsarbeit geleistet werden. Was heißt das konkret?

OLIVER STURZ: Ach wissen Sie, das sieht man doch schon im Straßenverkehr: Wo es viele Regeln gibt, werden diese auch wieder gebrochen. Nein, stattdessen müssen wir endlich lernen, dass Hunde zu unserem Leben dazugehören und uns – unabhängig davon, ob wir selbst einen Hund haben oder nicht – einfach mehr mit diesen wunderbaren Tieren beschäftigen. Also nicht nur die Hundebesitzer. Und dazu bräuchten wir keine Hundeschule und auch keinen Hundeführerschein.

JOLANDA REESE: Aber wo soll man sonst etwas lernen über Hunde, wenn nicht in der Hundeschule?

OLIVER STURZ: „Hundeschule" klingt so angestrengt, und das schreckt viele Menschen ab. Und ach, denkt man, das kostet auch noch Geld. „Hundeclub" oder „Hundeverein" klingt doch viel besser! Was spricht dagegen, dass Vereine Informationsveranstaltungen anbieten, mit denen man auch Nicht-Hundebesitzer anspricht: Messen, Workshops, vielleicht auch mal eine Hundeshow ...

MODERATORIN: Wären das nicht Veranstaltungen, zu denen die auch ohnehin bereits Informierten gehen? Man erreicht damit wahrscheinlich nicht alle Hundebesitzer.

JOLANDA REESE: Oh, da könnte Werbung sicher einiges ausrichten. Nein, die Sache ist doch die, dass man insgesamt viel zu unbekümmert und gedankenlos ist im Umgang mit Hunden. Und natürlich mangelt es auch vielen an Zeit. Hier sollte der Staat reagieren und klare Vorschriften machen, z. B. indem für jeden Hundebesitzer eine Hundeführer-Prüfung verlangt wird.

MODERATORIN: Nun gibt es ja sicher Hunderassen, die leichter zu führen sind als andere.

JOLANDA REESE: Sicher, aber auch diese Tiere machen einen fachgerechten Umgang unumgänglich. Es geht hier ja gerade nicht nur um die Gefahr für den Menschen, die von einem Hund ausgehen kann. Es geht auch um das Tier selbst, und dieses hat einen gesetzlichen Anspruch darauf, tiergerecht und fair gehalten zu werden.

OLIVER STURZ: Da bin ich ganz bei Ihnen. Aber Sie erreichen keine tiergerechte Behandlung durch Zwang und Bevormundung. Ich wiederhole: Wir brauchen mehr Aufklärungsarbeit, gern auch in den Medien, wie zum Beispiel im Hörfunk oder im Fernsehen.

MODERATORIN: Frau Reese, Herr Sturz, ich danke Ihnen für dieses Gespräch.

Hören 5

Liebe Zuhörerinnen und Zuhörer, ich freue mich, Sie zu meinem Vortrag „Feiertagsstress abbauen" begrüßen zu dürfen. Mein Name ist Annelie Kiros und ich bin seit vielen Jahren als Psychologin in der Stressforschung tätig.

Jeder von uns kennt das: Vor großen Feiertagen – ich denke zum Beispiel an Weihnachten oder große Geburtstage, aber auch an Hochzeiten – steigt der Stresspegel. Wir sind in Vorfreude, aber da ist auch noch etwas anderes, nämlich das Gefühl, nicht alles schaffen zu können, die Situation nicht vollends im Griff zu haben. Was also tun?

Es liegt an uns selbst, ob der Stress Überhand gewinnt. Wir haben es in der Hand und ich möchte Ihnen deshalb nun ein paar Tipps zur Bewältigung solch einer potenziellen Stresssituation geben.

Da wäre zum einen die rechtzeitige und genaue Planung der Veranstaltung. Hier gilt es, alles zu berücksichtigen, was relevant sein könnte. Die Auswahl und die Einladung der Gäste, aber auch die Frage, in welchen Räumen die Feier stattfinden soll, was gegessen und getrunken wird und wie ein eventuelles Begleitprogramm auszusehen hat. Und hier komme ich zu einem ersten wichtigen Punkt: Man muss nicht alles selber machen. Delegieren Sie, wenn möglich, die Aufgaben an andere! Sicher findet sich in Ihrem Freundes- und Bekanntenkreis jemand, der bereit ist, Sie zu unterstützen. Sei es beim Einkauf der Zutaten für das Essen oder beim Zubereiten in der Küche. Auch für den Abwasch und das Wegräumen des Geschirrs finden sich sicher helfende Hände, man muss es nur nett ansprechen. Also, scheuen Sie sich nicht, die meisten Menschen helfen gerne.

Und damit komme ich zu einem zweiten wichtigen Punkt: Bleiben Sie realistisch! Nehmen Sie sich nichts vor, was Ihnen über den Kopf wachsen könnte! Dazu gehört zum Beispiel, dass Sie den Speiseplan so gestalten, dass keine großen Experimente dabei sind. Was Sie schon öfter gekocht haben und was sich bewährt hat, ist geeignet; neue raffinierte Rezepte dagegen nicht!

Und das führt mich zu meinem dritten Punkt: Ziehen Sie ruhig Profis mit hinzu! Bei Hochzeiten ist es ja durchaus gang und gäbe, das gesamte Management einer Agentur zu überlassen. Warum nicht auch bei kleineren Feiern auf Profis zurückgreifen? Das Saubermachen der Wohnung oder des Hauses können Sie einem Reinigungsservice überlassen, das Kochen und Zubereiten der Speisen einer ausgewiesenen Köchin. Oder jemandem, der das wie ein Profi beherrscht und dafür auch entsprechend bezahlt wird. Meine Schwester zum Beispiel lässt bei großen Festen zu Hause eine sogenannte Kochfrau kommen. Die ist zwar keine ausgebildete Köchin, sie kocht aber ganz exzellent! So wird das dann immer eine ganz entspannte Feier.

Ich danke Ihnen für Ihre Aufmerksamkeit.

Hören 6

Text 1

MANN: Du, ich wollte dich gern einladen. Wir machen am kommenden Samstag bei uns zu Hause eine Party. Und da habe ich gedacht, du bist dann doch sicher noch da.

FRAU: Hm, ursprünglich ja. Ich besuche ja nächste Woche meine Eltern und wollte am Sonntag fahren. Aber nun habe ich eine Mitfahrgelegenheit gefunden und es geht schon am Samstagabend los. Mensch, schade!

MANN: Meinst du, da lässt sich noch was machen?

FRAU: Also – ich weiß nicht. Es gibt noch zwei weitere Mitfahrerinnen. Ich kann es probieren, aber ich glaube, ehrlich gesagt, nicht daran.

Hören 7

Text 2

REPORTER: Sie hören nun einen Beitrag aus unserer Reihe „Was wird sich im Straßenverkehr alles ändern?“. Herr Kunze, werden wir künftig zur Rechenschaft gezogen, wenn wir ohne geeignete Reifen im Winter unterwegs sind?

KUNZE: Das war bisher auch schon so. Wer bei Schnee und Eis mit Sommerreifen unterwegs war, dem drohten ein Bußgeld und ein Punkt in der Verkehrssünderkartei in Flensburg. Neu ist allerdings, dass Sie auch dann zahlen müssen, wenn Sie Ihr Fahrzeug beispielsweise verleihen. Sie müssen also nicht selbst am Steuer sitzen.

REPORTER: Und wenn der Winter warm ist und die Temperaturen weit über dem Gefrierpunkt?

KUNZE: Dann brauchen Sie keine speziellen Reifen. Was zählt, ist die tatsächliche Witterung.

Hören 8

Text 3

JUGENDLICHER: Wie war denn dein Gespräch mit Dr. Wiederhold?

JUGENDLICHE: Ganz gut. Er hat mir das Rezept gegeben. Aber er ist selbst nicht sehr überzeugt davon, dass ich es weiterhin mit Physiotherapie probiere. Er meint, ich solle es besser mit Akupunktur versuchen.

JUGENDLICHER: Aber die Physiotherapie hat dir doch bisher schon geholfen.

JUGENDLICHE: Ich weiß nicht. Die Beschwerden kommen ja immer wieder zurück. Aber Akupunktur – irgendwie habe ich Angst davor.

JUGENDLICHER: Also, da würde ich auf jeden Fall noch einen anderen Arzt befragen!

Hören 9

Text 4

Experten haben herausgefunden, dass wir nur dreißig Prozent der guten Vorsätze, die wir haben, auch tatsächlich umsetzen. Das hängt damit zusammen, dass der Mensch ein Gewohnheitstier ist. Wem aber wirklich daran gelegen ist, seine Vorsätze umzusetzen, dem sei empfohlen, besonders planvoll und strukturiert an die Sache heranzugehen. Hier hat sich die folgende Strategie bewährt: Man sollte nicht nur ein Ziel für einen bestimmten Zeitraum festlegen, sondern man sollte sich auch überlegen, was einen von diesem Ziel konkret abhalten könnte und wie man auf diese Hindernisse dann reagieren kann. Ferner ist es auch wichtig, sich sehr konkret vorzustellen, zu welch schönen Augenblicken es führt, sollte sich das Ziel tatsächlich erfüllen.

Hören 10

Text 5

Frau 1: Was, du willst bei diesem Wetter noch aufbrechen? Warum bleibst du nicht bis morgen?

Frau 2: Ich habe zu Hause noch so viel zu machen. Und der Schneefall lässt sicher bald nach.

Frau 1: Im Radio gibt es Unwetterwarnungen. Also, an deiner Stelle würde ich jetzt nicht fahren.

Frau 2: Was kann denn schon passieren? Es ist sowieso eher Schneematsch, und wenn es gar nicht mehr geht, fahre ich rechts ran und mache eine Pause. Außerdem kommt Oliver mit. Dann habe ich sogar Gesellschaft.

Frau 1: Also, so ganz toll finde ich das nicht.

Frau 2: Es sind ja nur zwei Stunden, das schaffe ich schon. Du weißt doch, ich bin vernünftig.

Frau 1: Ja, das schon.

Hören 11

Moderatorin: Ich begrüße heute Moritz Anthaus, Biologie an der Universität Mainz. Herr Anthaus, Sie warnen eindringlich vor den Gefahren von Mikroplastik für die Umwelt. Weshalb gerade Mikroplastik und nicht einfach nur Plastik?

Herr Anthaus: Nun, wir alle wissen, was Plastik ist und dass dieser Kunststoff die Umwelt nachhaltig zerstört. Aber Mikroplastik? Diese Kunststoffteilchen sind sehr klein, weniger als 5 mm, und sind in den meisten Fällen mit bloßem Auge kaum zu erkennen. Sie finden sich dennoch in vielen Produkten, die wir tagtäglich kaufen und bei denen wir kaum auf die Idee kommen würden, dass sie Plastikteilchen enthalten.

Moderatorin: Können Sie uns ein Beispiel nennen?

Herr Anthaus: Natürlich. Im Kosmetikbereich greift man z. B. gern auf Mikroplastik zurück, ich nenne hier nur ein Produkt, das sicher anschaulich genug ist: Hautreinigungsmittel. Um die Haut wirklich gut reinigen zu können, benötigen Sie eine Creme mit einer bestimmten Konsistenz, man spricht auch von einem Peeling-Effekt, den das Mittel haben soll.

Moderatorin: Und die Plastikteilchen, die diesen Effekt bewirken, könnten für den Konsumenten dann irgendwann gesundheitsschädigend werden?

Herr Anthaus: Wahrscheinlich nicht durch die direkte Anwendung. Aber bedenken Sie, dass diese Teile dann später über die Abwässer in die Kanalisation geraten und weiter durch die Flüsse in die Weltmeere. Das Problem ist, dass sie nirgends Halt machen. Sie gelangen in die Nahrungskette, indem sie früher oder später in den Magen von Fischen geraten. Und am Ende landen Fische auf unseren Tellern und die Mikroplastikteilchen kommen zurück zum Menschen und in dessen Blutkreislauf. Und da lauert dann die Gefahr.

Moderatorin: Wie viel gesicherte Forschung gibt es denn tatsächlich darüber, dass Mikroplastikteilchen beim Menschen Schaden anrichten?

Herr Anthaus: Nicht viel, das muss ich sagen. Hier müssten wesentlich mehr finanzielle Mittel für die Forschung bereitgestellt werden. Es gibt aber einzelne durchaus ernstzunehmende Wissenschaftler, die davon ausgehen, dass die Teilchen dazu in der Lage sind, Schadstoffe an sich zu binden, also Stoffe, die dem Menschen definitiv nicht guttun. Wie das alles aber genau wirkt, dazu weiß man noch zu wenig.

Moderatorin: Und was lässt sich nun machen?

HERR ANTHAUS: Oh, es gibt bereits etliche Vorschläge zur Reduzierung von Mikroplastikmüll. Um die Weltmeere vor Mikroplastikmüll zu schützen, wurden beispielsweise Vorschläge gemacht, die die Schiffe davon abhalten, ihren Müll auf hoher See zu entsorgen. Und im Kosmetikbereich gehen immer mehr Hersteller dazu über, nach Ersatzstoffen für Mikroplastik zu suchen. Bei Hautreinigungsmitteln z. B. könnten Wachspartikel den gewünschten Peeling-Effekt erreichen.

MODERATORIN: Meinen Sie Wachs, wie man ihn in Kerzen findet?

HERR ANTHAUS: Ja, ganz genau, Kerzenwachs. Aber eigentlich sind der Fantasie da keine Grenzen gesetzt. Wichtig ist, dass diese Ersatzstoffe ihrerseits nicht die Umwelt schädigen. Ich bin sicher, dass es da zu kreativen Lösungen kommen kann, man muss sie nur wollen. Und um diese zu wollen, ist es so wichtig, sich den möglichen Gefahren von Mikroplastik überhaupt erst bewusst zu werden.

MODERATORIN: Herr Anthaus, ich danke Ihnen für dieses Gespräch.

Hören 12

MODERATORIN: Guten Tag, ich begrüße Sie herzlich zu unserer Sendung „In freier Natur". Wir wollen uns heute über ein recht kontrovers diskutiertes Thema unterhalten, nämlich über die Neuansiedlung von Wölfen in unseren Wäldern. Meine Gesprächspartner sind Frau Anke Hoffmann und Herr Matthias Wimmer. Ihnen beiden schönen guten Tag!

ANKE HOFFMANN: Guten Tag!

MATTHIAS WIMMER: Hallo und guten Tag.

MODERATORIN: Frau Hoffmann, Sie sind seit vielen Jahren begeisterte Hobby-Jägerin, und Sie haben in Niedersachsen ein Jagdrevier gepachtet. Sind Sie da schon Wölfen begegnet?

ANKE HOFFMANN: Oh ja, die sind gar nicht mehr zu übersehen. Aber Wölfe sind naturgemäß auch scheu und ziehen sich sofort zurück, sobald ihnen ein Mensch in den Weg kommt.

MODERATORIN: Worin besteht denn das Problem?

ANKE HOFFMANN: Na ja, zuallererst gibt es ein Problem für die Schafzüchter und Bauern in der Region. Im Jahre 2017 gab es in Niedersachsen bereits 14 Wolfsrudel, zwei Paare und zwei Einzeltiere. Im selben Zeitraum wurden von den Wölfen mehrere hundert Schafe gerissen.

MATTHIAS WIMMER: Da kann ich nur sagen, dass die Schafherden sehr unzureichend geschützt worden sind. Es ist bereits seit Langem bekannt, dass sich bei uns wieder Wölfe ansiedeln. Darauf hätte die Politik längst reagieren müssen, um die Panik und Empörung der Bauern kleinzuhalten.

MODERATORIN: An welche Maßnahmen denken Sie konkret?

MATTHIAS WIMMER: Zuallererst an ausreichende finanzielle Unterstützung. Es genügt nicht, den Bauern lediglich den Schaden für ein totes Schaf zu ersetzen. Auch geeignete Schutzmaßnahmen gegen Wölfe wie höhere Zäune und Mauern müssten angemessen finanziell erstattet werden. Im Übrigen verstehe ich aber diesen ganzen Hype nicht. Nur weil ein paar Schafe gerissen wurden, ist der Wolf noch lange kein böses Tier, das auch dem Menschen gefährlich wird.

MODERATORIN: Lässt sich das so pauschal sagen? Immerhin gibt es Berichte, denen zufolge einige Wölfe die Scheu vor dem Menschen verloren haben und sich ihnen nähern, statt wegzulaufen.

ANKE HOFFMANN: Da handelt es sich sicher nur um Einzelfälle, bei denen sich der Mensch möglicherweise auch falsch verhalten hat. Nein, ich sehe ein Problem für den

Menschen eher darin, dass es zu Paarungen zwischen Wolf und Haushund kommen kann. Die daraus entstehenden Wolfshunde könnten dann in der Tat gefährlich sein, da sie keine natürliche Scheu vor dem Menschen mehr besitzen.

MATTHIAS WIMMER: Nun malen Sie den Teufel aber an die Wand! Im Ernst, wie hoch ist die Wahrscheinlichkeit, dass das passiert? Ich denke, wir sollten uns darüber freuen, dass der Wolf nun in die Wälder zurückgekehrt ist und wir damit ein Stück Natur und Wildnis zurückbekommen haben. Und außerdem werden Wölfe durch sogenannte Wolfsbeauftragte von der Landesregierung kontinuierlich beobachtet.

MODERATORIN: Dann kann also gar nichts mehr passieren?

ANKE HOFFMANN: Doch, wir müssen das alles im Auge behalten. Auf keinen Fall sollten wir zu leichtfertig mit diesem Thema umgehen. Aber es besteht eben auch kein Grund zur Panik, da stimme ich Herrn Wimmer zu.

MODERATORIN: Frau Hoffmann, Herr Wimmer, ich danke Ihnen für dieses Gespräch.

Hören 13

Ich begrüße Sie herzlich zu meinem Vortrag „Durch gesunde Ernährung zu mehr Lebensqualität". Mein Name ist Melanie Schadewaldt und ich bin als Ernährungswissenschaftlerin sowohl in verschiedenen Forschungsprojekten als auch in freier Praxis tätig.

Ja, liebe Zuhörerinnen und Zuhörer, bei gesunder Ernährung denken viele von uns zunächst an Verzicht. Verzicht auf leckere Marmelade und Süßigkeiten, Verzicht auf fettes Fleisch und Wurstwaren sowie Verzicht auf die heißgeliebten Chips am Abend vor dem Fernseher.

Was aber zunächst einen Verzicht für uns bedeutet, zahlt sich nach einer Weile umso mehr aus, das wissen wir alle. Wir verlieren an Gewicht, werden insgesamt beweglicher und gewinnen allein dadurch schon an Lebensqualität. Der Blutdruck sinkt und wir können besser schlafen. Und wer besser schläft, der ist am Tage leistungsfähiger und auch zufriedener. Wie aber schaffen wir den ersten Schritt, um diese Aufwärtsspirale in Gang zu bringen?

Zuallererst müssen wir mit einigen Vorurteilen aufräumen. Gesunde Mahlzeiten sind teuer, schmecken schlecht und sind schwer zuzubereiten. Tatsächlich sind viele Bioprodukte etwas teurer als herkömmliche Produkte. Aber nur auf den ersten Blick. So halten zum Beispiel Vollkornnudeln länger vor, man isst weniger davon und hat erst später wieder Hunger und kann so auf kleine Zwischenmahlzeiten verzichten, was letztlich Geld spart.

Aus Obst und Gemüse lassen sich vorzügliche Gerichte zubereiten, auch ohne dass uns besondere Fähigkeiten als Koch oder Köchin abverlangt werden. Wer im Internet oder im Buchhandel schaut, findet viele Anregungen zu diesem Thema sowie Rezepte, die sich zu Hause mühelos nachkochen lassen. Es ist wichtig, auf diese Weise überhaupt einen ersten Schritt zu machen.

Und damit komme ich zu einem weiteren Punkt: Beschäftigen Sie sich intensiver mit der Materie. Experimentieren Sie in der Küche ein bisschen herum. Oder gehen Sie zu Kochseminaren und Workshops und tauschen Sie sich dort mit anderen aus, informieren Sie sich beispielsweise über Kräuter und Gewürze. So werden Sie mit der Zeit zu einem Spezialisten für eine gesunde und schmackhafte Ernährung. Nicht nur Sie selbst, sondern auch Ihre Familie sowie Freunde und Bekannte werden es Ihnen danken.

Denn es ist wissenschaftlich erwiesen, dass eine gesunde Ernährungsweise umso nachhaltiger wirkt, je mehr Unterstützung und Solidarität wir in unserem sozialen Umfeld erfahren. Wer ganz allein mit sich herumprobiert, wird schnell wieder rückfällig und nimmt alte Gewohnheiten wieder auf. Wer aber seine neuen Erfahrungen und Einsichten mit anderen teilt, ja, andere vielleicht sogar motiviert, mitzumachen, wird seine gesündere Ernährungsweise auch längerfristig beibehalten. Und darüber hinaus vielleicht sogar neue Kontakte knüpfen, was sich wiederum positiv auf die Lebenszufriedenheit auswirkt. Denn auch hier ist sich die Wissenschaft einig: Ein großer Freundes- und Bekanntenkreis macht uns insgesamt ausgeglichener und glücklicher.

Ich danke Ihnen für Ihre Aufmerksamkeit!

Hören 14

Beispiel:

Mann: Und, wie hat dir das Konzert gefallen?
Frau: Na ja, ehrlich gesagt war die Musik nicht so ganz mein Geschmack. Aber der Konzertsaal, das war ein echtes Erlebnis. Das muss man einfach mal gesehen haben!
Mann: Ist die Akustik denn wirklich so toll, wie man sagt?
Frau: Ja, auf jeden Fall. Und man kann von jedem Platz aus gut hören. Es ist ein tolles Hörerlebnis. Und da macht es auch nichts, wenn einem die Musik nicht so zusagt.
Mann: Und die Karten? Waren die erschwinglich?
Frau: Wo denkst du hin? Wir haben 400 Euro gezahlt!

Aufgabe 1 und 2

Mann: Hallo Martina, gut, dass ich dich treffe!
Frau: Hi, was gibt´s denn? Du siehst ja richtig gestresst aus …
Mann: Du, ich wollte dich fragen, ob ich das Buch noch ein bisschen länger behalten kann. Du weißt schon, diese „Einführung ins Projektmanagement".
Frau: Ach, das war mir gar nicht mehr in Erinnerung. Nein, das wird nicht mehr benötigt. Allerdings hatte mich eine Kommilitonin danach gefragt. Wenn noch Bedarf besteht, gebe ich dir Bescheid. Ansonsten kannst du das Buch gerne noch behalten.
Mann: Das ist ja prima, danke!

Aufgabe 3 und 4

Reporter: Sie hören nun einen Beitrag aus unserer Reihe „Mieter helfen Mietern". Frau Peters, Ihnen wurde gekündigt, weil Ihre Mietwohnung verkauft worden ist und der neue Eigentümer die Wohnung nun für seine Tochter braucht. Sie sitzen hier aber ganz entspannt …
Frau Peters: Ja, denn ich habe für den Umzug nun zehn Jahre Zeit. In diesem Fall gilt eine sogenannte Kündigungssperrfrist von 10 Jahren. Das hat die Stadt so beschlossen aufgrund der extrem hohen Wohnungsnot, die hier herrscht. Ein neuer Eigentümer kann also nicht so einfach Eigenbedarf geltend machen und dem Mieter sofort kündigen. Juristisch werden hier die Rechte der Mieter höher bewertet als die Rechte der Eigentümer.

Aufgabe 5 und 6

Jugendlicher: Was ist denn bei deiner Berufsberatung herausgekommen?
Jugendliche: Oh, ich glaube, ich bin da ein Stück weiter. Ich habe zum Beispiel einen Berufseignungstest gemacht und dabei hat sich bestätigt, dass ich doch eher technisch begabt bin.
Jugendlicher: Wie interessant, dann wirst du vielleicht mal in einen typischen Männerberuf gehen?
Jugendliche: Nun, ich weiß es nicht, da ist ja auch noch etwas anderes, ich bin gern handwerklich tätig und kreativ. Also, vielleicht sollte ich Mülldesignerin werden.
Jugendlicher: Müll … was?
Jugendliche: Also, da baut man aus Abfall neue, brauchbare Produkte. Das fände ich echt cool.

Aufgabe 7 und 8

Eine großangelegte medizinische Studie hat nun noch einmal belegt, wie gesundheitsfördernd Knoblauch tatsächlich ist. Denn schon kleine Mengen dieser weißen Knolle wirken sich positiv auf unsere Gefäße und das gesamte Herz-Kreislauf-System aus. Daneben konnte auch bewiesen werden, dass von Knoblauch eine keimtötende Wirkung ausgeht, weshalb man besonders bei Infekten darauf zurückgreifen sollte. Und drittens konnte auch die zellschützende Wirkung nachgewiesen werden. Wer also vorbeugend etwas gegen Krebs tun möchte, sollte regelmäßig auch mit Knoblauch würzen. Übrigens: Gegen den unangenehmen Geruch lässt sich etwas tun. Im Handel gibt es verschiedene Knoblauch-Tabletten, nach deren Verzehr es zu keinerlei Geruchsbildung kommt.

Aufgabe 9 und 10

FRAU 1: Da gibt es jetzt dieses neue Roadmovie von ... Äh, ich weiß den Namen nicht mehr.

FRAU 2: Macht nichts, Roadmovie ist nicht so sehr mein Ding. Und überhaupt, Kino kommt für mich im Moment nicht infrage.

FRAU 1: Wieso, du warst doch sonst in fast jedem Film?

FRAU 2: Kann sein, aber im Moment habe ich einfach nicht die Nerven. Ich habe durch das Studium nebenher so viel zu tun, dass ich abends einfach nur froh bin, mal so richtig abzuhängen, also ich meine, ich will oft gar nicht mehr raus. So ist das halt.

FRAU 1: Schade.

FRAU 2: Na ja, vielleicht magst du mal vorbeikommen? Auf ein Bier oder so.

FRAU 1: Klar, das können wir machen. Gern.

Hören 15

Aufgabe 1 und 2

MANN: Na, und wie war dein erster Abend in der Theatergruppe?

FRAU: Ach, eigentlich ganz gut, da sind nette Leute dabei und die Leiterin fand ich ziemlich toll, richtig engagiert.

MANN: Wird man dich denn nun bald auf der Bühne sehen?

FRAU: Nein, das noch nicht. Im Moment suchen sie noch nach einem Stück. Und das ist gar nicht so einfach, da wir viel mehr Frauen in der Gruppe sind als Männer. Wahrscheinlich müssen dann auch einige Rollen doppelt besetzt werden. Aber sie haben schon etwas in der engeren Auswahl, mal sehen.

MANN: Also, dann bin ich einfach weiter gespannt. Ich schaue mir das auf jeden Fall an!

Aufgabe 3 und 4

REPORTERIN: Unser Thema heute von der Stadtverwaltung: Kartons und Gegenstände am Straßenrand, die mit einem Schild „zu verschenken" versehen sind. Ist das überhaupt erlaubt?

MANN: Na ja, in den meisten Fällen ist das sicher gut gemeint, aber grundsätzlich gilt natürlich, dass die Bürger verpflichtet sind, diese nicht am Straßenrand zu entsorgen, sondern in den dafür vorgesehenen Müllcontainern oder auf dem Wertstoffhof. Denn stellen Sie sich mal vor, ein Mensch verletzt sich an einem der Gegenstände. Wer meint, dass andere seine ausrangierten Dinge vielleicht noch gebrauchen können, sollte besser versuchen, sie über das Internet zu verschenken.

Aufgabe 5 und 6

JUGENDLICHER: Du, ich war ja nun die ganze Woche krank. Kannst du mir sagen, was im Kurs alles gelaufen ist?

JUGENDLICHE: Leider nicht, denn ich war eine Woche in Bremen bei meinen Eltern. Meiner Großmutter geht es nicht gut. Aber du könntest doch Jessica fragen. Die macht immer unglaublich gute Mitschriften.

JUGENDLICHER: Hm, das habe ich schon versucht, aber sie war letzte Woche auch nicht im Kurs. Ich glaube, sie hat sich mit ihrem Freund zerstritten und jetzt geht es ihr nicht so gut.

JUGENDLICHE: Und Jörn, kannst du nicht versuchen, den zu erreichen?

JUGENDLICHER: Hab ich auch schon versucht, aber der ist bei seiner Freundin in England. Die hat da doch dieses Praktikum, du weißt schon, in dem Kinderheim.

JUGENDLICHE: Also, dann fällt mir im Moment niemand mehr ein. Das ist ja wirklich dumm.

Aufgabe 7 und 8

Die Strafen für das Schwarzfahren in U-Bahn und S-Bahnen sowie Bussen sind hoch, aber trotzdem lassen sich viele Menschen nicht davon abhalten. Es ist natürlich schon so, dass die Nahverkehrstickets für manche Leute in der Großstadt kaum noch bezahlbar sind. Aber es gibt auch Leute, die einfach nur ein bisschen Risiko suchen. Dabei wird Schwarzfahren aber strafrechtlich verfolgt. Im Extremfall kann das Gericht sogar eine Freiheitsstrafe verhängen. Die Meinungen darüber, ob dies sinnvoll ist, gehen auseinander. Besser wäre es, so sagen manche Experten, die Tickets grundsätzlich bezahlbarer zu machen. Dann würden zumindest einige Menschen auf das Schwarzfahren verzichten.

Aufgabe 9 und 10

FRAU 1: Ich hab gehört, du gehst nach Australien. Mensch, das ist ja eine Überraschung!

FRAU 2: Ja, die Entscheidung ist sehr plötzlich gefallen. Ich habe in Melbourne an der Uni einen Job bekommen, und da Martin bereit ist, mitzugehen, werden wir dort nun für zwei Jahre leben.

FRAU 1: Klingt wirklich gut. Aber sag mal, kriegt Martin das mit seinem Job so einfach hin?

FRAU 2: Nein, er hat gekündigt, weil er ein Buch schreiben will. Er hat doch von seiner Oma so viel geerbt, und nun möchte er das nutzen, um endlich diesen Roman zu schreiben, der ihm schon eine ganze Weile im Kopf herumspukt.

FRAU 1: Mensch, ihr seid ja Glückspilze! Also, dann wünsche ich euch eine tolle Zeit.

FRAU 2: Danke, ja, aber wir machen sicher noch eine Abschiedsparty!

Hören 16

MODERATORIN: Ich begrüße heute Martin Weiß. Herr Weiß, Sie sind freier Reisebuchautor und haben gerade ein Buch über den sogenannten sanften Tourismus veröffentlicht. Nun ist das ja ein Begriff, der durchaus vielschichtig ist. Können Sie uns kurz erläutern, was darunter zu verstehen ist?

HERR WEISS: Aber gern. Unter sanftem Tourismus verstehe ich grundsätzlich eine bestimmte Haltung des Reisenden dem Gastgeberland gegenüber. Die sollte von Respekt geprägt sein. Und sie gründet nicht allein in einem schonenden und verantwortungsvollen Umgang mit der Natur, sondern betrifft auch kulturelle Konzepte, mit denen ich mich als Reisender auseinanderzusetzen habe.

MODERATORIN: Was heißt das konkret?

HERR WEISS: Nun, das bedeutet, dass ich mich mit den Gepflogenheiten und kulturellen Konventionen des Gastgeberlandes vertraut mache, bevor ich mich überhaupt erst auf den Weg mache. Dass man sich vor Reisebeginn eingehend informiert, ist in dieser Beziehung nur ein Aspekt. Ich muss auch dazu bereit sein, meine eigenen kulturellen Konventionen zu überdenken und zu reflektieren. Damit ist grundsätzlich die Voraussetzung gegeben, dass ich mich an die Kultur und an die Verhaltensweisen der Menschen des Gastlandes anpasse, während ich mich dort aufhalte.

MODERATORIN: Ein hoher Anspruch. Ist das nicht sehr aufwendig?

HERR WEISS: Sicher, und es erfordert eine gewisse Praxis auch im Umgang mit sich selbst. Nur wer bereit und auch fähig ist, eigene Konventionen zu überdenken, kann diesem Anspruch wirklich gerecht werden.

MODERATORIN: Und wie lässt sich das nun lernen?

HERR WEISS: Genau das ist das Thema meines Buches. Ich stelle verschiedene Kulturen und spezifische Konventionen vor, die für diese jeweils typisch sind. Und daraus leite ich dann Fragen ab, die sich auf die Kultur meines Lesepublikums beziehen. So werden meine Leserinnen und Leser schrittweise dazu angeleitet, über ihre eigenen Konventionen nachzudenken.

MODERATORIN: Wer, denken Sie, wird Ihr Buch kaufen?

HERR WEISS: Viele Menschen wollen heute individueller reisen und besondere Erfahrungen machen. Diese Menschen sind auch bereit, eine anspruchsvollere Reiseliteratur zu kaufen. Ich glaube, diese Zielgruppe könnte zu meinem Buch greifen. Ich möchte aber generell alle Lesenden ansprechen, die sich mit der Kultur ihres Reiselandes auseinandersetzen möchten.

MODERATORIN: Sie haben einen hohen Anspruch und gehen durchaus theoretisch vor. Haben Sie nicht die Befürchtung, dass das abschreckend wirken könnte?

HERR WEISS: Hier ist von einigen Rezensenten leider etwas missverstanden worden. Das Buch enthält natürlich auch theoretische Ausführungen und beschäftigt sich mit anspruchsvollen Methoden für ein interessiertes Publikum. Durch die vielen Fallbeispiele und die schrittweisen Anleitungen, die den überwiegenden Teil des Buches einnehmen, ist es aber sogar ausgesprochen praxisorientiert und somit für einen breiten Leserkreis geeignet.

MODERATORIN: Eine letzte Frage noch, Herr Weiß: Was für ein Buch planen Sie als Nächstes?

HERR WEISS: Ein Buch über die deutschen Regionen. Und über den Umgang der Deutschen miteinander. Da gibt es viele Vorurteile, nicht nur zwischen den Ost- und Westdeutschen. Es ist schon sehr spannend, zu schauen, wie man z. B. in Norddeutschland über die Bayern denkt und umgekehrt. Hier etwas aufzubrechen und vielleicht sogar zu erschüttern, das wäre mein Anliegen für ein nächstes Buch.

MODERATORIN: Herr Weiß, vielen Dank für dieses Gespräch.

Hören 17

MODERATOR: Ich begrüße hier im Studio Frau Bauer aus Kiel. Frau Bauer, Sie sind „Berufsforscherin". Wie wird man das eigentlich?

FRAU BAUER: Nun, ich habe ursprünglich Soziologie studiert und bin seit Langem als Berufsberaterin tätig. Daneben schreibe ich an einer Doktorarbeit zum Thema: „Wie viel Zukunft haben die alten Berufsbilder?"

MODERATOR: Wer kommt denn eigentlich in eine Berufsberatung, eher jüngere Menschen oder auch ältere, die sich z. B. umschulen lassen möchten?

FRAU BAUER: Generell würde ich sagen, dass keine der Altersgruppen auffallend überrepräsentiert ist. Zu mir kommen Menschen, die sich über den Arbeitsmarkt informieren möchten und die herausfinden wollen, für welche Berufe sie am besten geeignet sind. Dabei stellt sich oft heraus, dass viele gar nicht wissen, wie viele neue Berufe es heute gibt. Wir leben ja in einer Zeit, in der sich die Berufsbilder stark wandeln.

MODERATOR: Und zu dieser Entwicklung hat sicherlich die Digitalisierung ganz erheblich beigetragen.

FRAU BAUER: Gewiss, das muss man so sagen. Im Grunde genommen handelt es sich ja gar nicht immer um neue Berufe, sondern um eine Verschiebung hinsichtlich der geforderten Kompetenzen. Es geht um die Fähigkeit, altes Wissen mit neuen Technologien zu verbinden.

MODERATOR: Raten Sie Ihren Kunden denn dazu, sich grundsätzlich mit den neuen Technologien vertrauter zu machen?

FRAU BAUER: Nein, so einfach ist es nicht. Die Digitalisierung mag die Gesellschaft sehr verändert haben, aber es gibt noch andere Faktoren, die dafür verantwortlich sind, dass sich unsere Welt verändert hat und anders tickt als noch vor 25 Jahren. Ich denke zum Beispiel an den demografischen Wandel, also die Tatsache, dass die Menschen in den westlichen Industrieländern heute immer älter werden, was zur Folge hat, dass es heute immer mehr Rentner gibt im Verhältnis zur restlichen Bevölkerung.

MODERATOR: Und daraus ergeben sich auch neue Berufsbilder?

FRAU BAUER: Oh, viele. Vielleicht haben Sie schon einmal von dem Beruf des Nostalgologen gehört, nur um ein Beispiel zu nennen. Das sind in der Regel Innenarchitekten, die es verstehen, Räume so zu gestalten, dass sie denen einer vergangenen Epoche gleichkommen. Sie können Wohnungen in einem Stil einrichten, der vor vielen Jahren einmal modern war, egal, wie alt das Haus selbst ist. Ältere Menschen, die heute auch oft über ausreichende finanzielle Mittel verfügen, können ihre Wohnungen und Zimmer mithilfe eines Nostalgologen entsprechend gestalten. So wird ein Gefühl der Vertrautheit geschaffen, die Senioren in unserer sich rasant ändernden Welt nicht mehr haben. In Altenresidenzen könnte das z. B. eine große Rolle spielen.

MODERATOR: Das heißt, dass Nostalgologen sehr interdisziplinär ausgebildet sein müssen. Sie sollten sowohl etwas von Architektur verstehen, als auch von Geschichte und Soziologie.

FRAU BAUER: Ja, das ist ein grundsätzliches Merkmal dieser neuen Berufe.

MODERATOR: Das hört sich gut an, ist für den Einzelnen aber sicher auch anstrengend. Wird erwartet, dass wir künftig alle Multi-Talente sind?

FRAU BAUER: Nein, das sicher nicht. Das ist auch gar nicht erforderlich, solange es noch einige Spezialisten gibt. Für all die anderen aber wird sich das Wissen auf mehrere Bereiche erstrecken, aber es wird dann natürlich auch oberflächlicher sein.

MODERATOR: Frau Bauer, ich danke Ihnen für dieses Gespräch.

Hören 18

MODERATORIN: Guten Tag und herzlich willkommen zu unserer Sendereihe: „Meine grüne Stadt". Heute soll es um das Thema „Kleingartenkultur" gehen. Ich begrüße hier im Studio Frau Angelika Arnoldt, Mitgründerin des Vereins „Mein Garten e. V.", und Herrn Leonhard Schwarzer, der im Neuburger Gartenverein aktiv ist.

ANGELIKA ARNOLDT: Guten Tag!

LEONHARD SCHWARZER: Schönen guten Tag.

MODERATORIN: Frau Arnoldt, wie sind Sie dazu gekommen, den Verein „Mein Garten e. V." zu gründen?

ANGELIKA ARNOLDT: Nun, das ist ja keine neue Idee, schon vor hundert Jahren hat man solche Vereine gegründet. Und auch heute ist die Situation so, dass es immer mehr Menschen gibt, die es in die Großstädte zieht. Aber kaum jemand kann sich ein Häuschen mit Garten leisten, manche haben noch nicht einmal eine Wohnung mit Balkon.

MODERATORIN: Worum ging es denn bei Ihrem Verein konkret?

ANGELIKA ARNOLDT: Das Gelände des Vereins liegt in einer parkähnlichen Anlage. Den Mitgliedern ist es erlaubt, freie Flächen zu pachten und zu bewirtschaften. Wir hatten nun aber die Idee, dass die Freiflächen nicht mehr durch einzelne Mitglieder, sondern durch die Gemeinschaft genutzt werden sollten. Leider hat das nicht gut funktioniert, die Vorstellungen waren einfach zu unterschiedlich. Schließlich mussten wir sogar feste Regeln einführen, was gar nicht gut ankam.

MODERATORIN: Nach meinen Informationen war es bei Ihnen sogar so, dass zum Beispiel geregelt wurde, wie viel Prozent der Nutzfläche womit konkret bepflanzt werden darf. Herr Schwarzer, Ihnen ist die Lust an der Gartenarbeit aber nicht vergangen?

LEONHARD SCHWARZER: Nein, ganz und gar nicht.

MODERATORIN: Was waren für Sie denn Gründe, sich für einen Gartenverein zu entscheiden?

LEONHARD SCHWARZER: Nun, da war zuallererst der Wunsch, mehr draußen, also im Grünen zu sein. Wir fanden unsere Hochhauswohnung besonders für die Kinder zu beengt und haben uns dann nach Möglichkeiten in unserer Nähe umgeschaut. Für meine

Frau war aber sicherlich auch wichtig, dass wir nun unser eigenes Obst und auch Gemüse anbauen können. Und ich muss sagen, das möchte ich jetzt gar nicht mehr missen. Es ist eine tolle Sache, am Sonntagmorgen ein Glas Marmelade aufzumachen und zu wissen, wir haben die Marmelade nicht nur selbst gemacht, sondern auch die Früchte dazu angebaut. Zusammen mit unseren Freunden.

MODERATORIN: Frau Arnoldt, Sie haben den Verein dann wieder verlassen. Haben Sie das inzwischen bereut?

ANGELIKA ARNOLDT: Nein, wir wollen uns nun am Wochenende und abends einfach nur ausruhen, die Vereinsarbeit hat uns nicht gutgetan. Von Freunden wissen wir auch, wie viel Streit sich im Nachhinein noch ergeben hat.

LEONHARD SCHWARZER: Dann haben Ihre Freunde sicher auch viel Pech gehabt! Ich muss sagen, wir haben durch den Verein viele neue Bekannte hinzugewonnen und fühlen uns dort sehr wohl. Zugegeben, bestimmte Regeln müssen eingehalten werden und es ist auch eine Menge Arbeit. Aber ich bin sicher: Wer Spaß an Gartenarbeit hat, nimmt das gar nicht mehr als Arbeit wahr. Für uns ist das eigentlich eher ein Hobby.

MODERATORIN: Frau Arnoldt, Herr Schwarzer, ich danke Ihnen für dieses Gespräch.

Hören 19

MODERATOR: Guten Abend und herzlich willkommen zu unserem Erziehungsratgeber. Heute soll es um die Frage gehen: Wie viele Fernsehnachrichten verträgt ein Kind? Ich begrüße hier im Studio Frau Vera Tisch und Herrn Tim Geist.

VERA TISCH: Guten Abend!

TIM GEIST: Schönen guten Abend.

MODERATOR: Frau Tisch, Sie haben zwei Töchter im Alter von neun und elf Jahren. Ist es Ihnen schon mal passiert, dass die Kinder nach bestimmten Bildern in den Fernsehnachrichten verstört wirkten?

VERA TISCH: Na ja, so weit lassen wir es gar nicht erst kommen. Wir haben strenge Regeln für das Fernsehen eingeführt, und das betrifft nicht nur die Zeitdauer, sondern auch bestimmte Sendungen. Nachrichtensendungen zum Beispiel dürfen unsere Kinder nicht sehen.

MODERATOR: Damit meinen Sie sicherlich Nachrichten für Erwachsene. Es gibt ja auch Nachrichten für Kinder. Kommt Ihre Elfjährige nicht so langsam in das Alter, wo sie an die Realität herangeführt werden müsste?

VERA TISCH: Ja, es geht mir in erster Linie um die Hauptnachrichten im Fernsehen. Und was wir dort an Realität vorgesetzt bekommen, zeigt nach unserer Meinung nicht die Realität. Es werden oft brutale Szenen in den Mittelpunkt gestellt, die den Nachrichtengehalt dominieren und die Realität in diese Richtung verzerren.

MODERATOR: Herr Geist, Sie haben auch zwei Kinder in diesem Alter. Wie haben Sie das zu Hause organisiert?

TIM GEIST: Wir haben zwar für das Fernsehen auch strenge Regeln eingeführt, Nachrichtensendungen wollen wir unserer Tochter und unserem Sohn aber nicht verbieten. Im Gegenteil, wir sind der Meinung, dass die Kinder nicht zu spät an das, was in der Welt passiert, herangeführt werden sollten. Auch wenn die Bilder nicht immer schön sind. Wichtig ist, dass man dann mit den Kindern darüber spricht und versucht, zu erklären, was da vorgeht.

VERA TISCH: Aber das ist ja gerade das Problem, vieles lässt sich einfach nicht erklären. Und die Kinder sind noch zu jung dafür, damit umgehen zu können. In diesem Alter sehnen sie sich schon noch nach Sicherheit und Geborgenheit und ich denke, das müssen wir ihnen als Eltern auch geben.

MODERATOR: Nun sind die Kinder ja nicht nur mit den Eltern zusammen, sondern oft den ganzen Tag in der Schule oder bei Freunden. Sollten sie dort denn nicht auch mitreden können?

VERA TISCH: Mitreden ja, aber dazu brauchen sie nicht solche schrecklichen Bilder im Kopf zu haben.

TIM GEIST: Es wäre schön, wenn wir unseren Kindern das ersparen könnten, ja. Aber ich fürchte, wir können es nicht. Denken Sie mal, wie viele Videoclips auf dem Schulhof herumgereicht werden. Und die sind mindestens so grausam wie manche Nachrichtensendungen.

VERA TISCH: Oh, bei unseren Töchtern in der Schule dürfen keine Videoclips herumgereicht werden.

Das ist ja gerade der Punkt. Es muss klare Verbote geben und natürlich nicht nur im Elternhaus, sondern auch in der Schule.

TIM GEIST: Vom Grundsatz her ist das sicher richtig, in der Praxis aber kaum zu kontrollieren. Ich meine, wir können unsere Kinder nicht den ganzen Tag vor der Welt abschirmen. Und wir sollten es auch gar nicht erst versuchen.

MODERATOR: Was schlagen Sie dann zum Schutz der Kinder vor?

TIM GEIST: Reden, das hilft. Wir brauchen einen guten Zugang zu den Kindern, dann können sie das Gesehene gemeinsam mit uns verarbeiten.

MODERATOR: Ich danke Ihnen beiden für dieses Gespräch.

Hören 20

Ich begrüße Sie herzlich zu meinem Vortrag „Regeln für die Handynutzung von Kindern". Mein Name ist Ralf Steger und ich bin Erziehungswissenschaftler und freier Buchautor.

Liebe Zuhörerinnen und Zuhörer, es ist nicht nur an Schulen ein großes Thema, sondern auch in vielen Familien: Wie viel Handy- und Smartphone-Nutzung können wir unseren Kindern überhaupt erlauben? Und: Können Kinder wirklich lernen, mit diesem Gerät verantwortungsvoll umzugehen? Wie fange ich damit an?

Da wir als Eltern eine wichtige Vorbildfunktion haben, gilt auch hier, sich zunächst einmal selbst zu befragen: Ist das, was ich meinem Kind vorlebe, tatsächlich auch dazu geeignet, imitiert, also nachgeahmt zu werden? An welchen Stellen sollte ich mein Verhalten vielleicht doch ändern? Eine gründliche Selbstbeobachtung kann also bereits zu ersten, wertvollen Erkenntnissen führen.

Aber wir wissen es alle, Erkenntnisse bedeuten noch nicht, dass sich auch tatsächlich etwas ändert. Um dies zu erreichen, müssen wir eine Vorgehensweise im Kopf haben, die so konkret wie möglich sein sollte, um das von uns gewünschte Ziel – in diesem Fall also ein sinnvoller Umgang mit dem Handy – auch wirklich umzusetzen.

Wie aber könnte so ein konkreter Maßnahmenkatalog für ein Kind aussehen? Nun, wie bei uns selbst sollte der Plan Regeln enthalten, die nicht nur genau formuliert sind, sondern auch gut in die Realität umgesetzt werden können. Eine Regel wie „maximal zwei Stunden täglich am Handy" hört sich zwar zunächst gut an, ist in der Praxis dann aber kaum realisierbar. Denn Kinder – und nicht nur Kinder – greifen ja oft nur für wenige Minuten am Stück zu ihrem Handy, das heißt, sie legen es dann schnell wieder weg und spielen etwas anderes. Am Ende des Tages lässt sich die Zeit, die man mit dem Gerät tatsächlich verbracht hat, aber kaum noch korrekt addieren. Hier gilt, dass es sinnvoller ist, mit dem Kind nicht nur eine Gesamtstundenzahl auszumachen, sondern eine insgesamt präzisere Anweisung zu geben. Diese könnte beispielsweise so aussehen: „Du darfst mit deinem Handy bis zu viermal am Tag spielen, aber niemals länger als dreißig Minuten."

Weitere, ebenfalls gut realisierbare Regeln sind, die Handynutzung zum einen an bestimmte Orte zu Hause zu knüpfen, etwa an den Schreibtisch oder an das Wohnzimmer. Die Regel könnte heißen: „Du darfst im Wohnzimmer und in deinem Zimmer am Schreibtisch mit dem Handy spielen, aber nicht im Bett." Zum anderen haben sich Tageszeiten in diesem Zusammenhang schon sehr bewährt. Beispielsweise: „Du darfst am Nachmittag bis 18.00 Uhr mit deinem Handy spielen."

Was Kinder auch unbedingt lernen müssen, ist, dass das Spielen mit dem Handy kaum vereinbar ist mit anderen Tätigkeiten, wie z. B. dem Essen. Also: „Finger weg vom Handy beim Essen!"
All diese Regeln setzen aber natürlich voraus, dass auch Sie selbst sich daran halten!
Ich danke Ihnen für Ihre Aufmerksamkeit!

Hören 21

Ich begrüße Sie herzlich zu meinem Vortrag zum Thema „Motivation". Mein Name ist Karin Reiber und ich bin Psychologin und freie Motivationstrainerin.
Liebe Zuhörerinnen und Zuhörer, Sie kennen das sicherlich: Eine große Aufgabe liegt vor Ihnen, zum Beispiel das Aufräumen des Kellers. Es müsste dringend gemacht werden, aber Sie schieben es immer wieder auf. Und Sie haben ein schlechtes Gefühl.
Ihr Gefühl irrt nicht. Denn wer aufschiebt, kommt keinen Schritt weiter. Es nützt nichts, die Arbeit muss ja erledigt werden. Und mit jedem weiteren Tag, der vergeht, wächst Ihr Gefühl der Unzufriedenheit.
Was hier hilft, ist nicht der Zwang zur Selbstüberwindung, sondern die Selbstmotivation. Wer sich selbst motivieren kann, hat mehr Spaß, erzielt bessere Ergebnisse und ist entspannter. Forschungsergebnisse aus der ganzen Welt lassen daran keinen Zweifel aufkommen.
Wie aber funktioniert Selbstmotivation? Zuallererst sollten Sie sich mit der Aufgabe intensiver auseinandersetzen. Machen Sie sich klar, worin für Sie der Nutzen besteht, wenn Sie diese tatsächlich erledigt haben! Dieser Nutzen muss nicht unbedingt sichtbar sein, sondern es reicht, wenn Sie ein bestimmtes Gefühl damit verbinden. Beim Kelleraufräumen zum Beispiel wäre es das Gefühl, sich von Altem getrennt zu haben, ein Gefühl von Freiheit also.
In einem zweiten Schritt sollten Sie die Aufgabe in kleinere Arbeitsschritte zerlegen. Es fällt allen Menschen bedeutend leichter, sich für einen einzelnen Schritt zu motivieren als für eine große, kaum überschaubare Aufgabe. Man könnte also zum Beispiel mit einer bestimmten Ecke im Keller beginnen. Oder man entscheidet sich, zunächst die großen Dinge zu sortieren wie Haushaltsgeräte oder Möbelstücke.
Eine andere Weise, die Aufgabe kleiner zu machen, besteht darin, sie in Zeitabschnitte zu zerlegen. Sie könnten sich also sagen: Ich räume jetzt für eine Stunde im Keller auf und schaue, wie weit ich komme.
Wenn Sie sich zu einer Aufgabe motivieren, achten Sie bitte darauf, dass auch das, was Sie im Innern zu sich selbst sagen, motivierend ist. Tatsächlich ist es ja so, dass man die meisten Aufgaben ohne größere Probleme erledigen kann. Wie anders fühlt sich ein „Puh, ich muss jetzt den Keller aufräumen!" an als ein „Ich will das jetzt gern machen!". Über den inneren Monolog können Sie sich also auch selbst wesentlich beeinflussen. Wählen Sie dabei Wörter, mit denen Sie positive Assoziationen verbinden und erfinden Sie dazu innere Bilder. Wer zum Beispiel seinen Keller als „Dunkelkammer" bezeichnet, wird vor seinem inneren Auge einen Raum sehen, in dem man sich nicht länger aufhalten möchte. Wer den Keller aber ganz sachlich als Abstellraum betrachtet und sich vielleicht eine hübsche Lampe vorstellt, die sich von oben mit hinunternehmen lässt, wird sich gleich sehr viel motivierter fühlen. Probieren Sie es einfach mal aus.
Ich danke Ihnen für Ihre Aufmerksamkeit!

Hören 22

Goethe Zertifikat B2 für Erwachsene, Simulation Hören

Das Modul Hören hat vier Teile. Sie hören mehrere Texte und lösen Aufgaben dazu. Lesen Sie jeweils zuerst die Aufgaben und hören Sie dann den Text dazu. Für jede Aufgabe gibt es nur eine richtige Lösung. Vergessen Sie bitte nicht, Ihre Lösungen auf den Antwortbogen zu übertragen. Dazu haben Sie nach dem Modul „Hören" fünf Minuten Zeit. Am Ende jeder Pause hören Sie dieses Signal.

Wörterbücher und Mobiltelefone sind nicht erlaubt.

Hören, Teil 1

Sie hören fünf Gespräche und Äußerungen.

Sie hören jeden Text einmal. Zu jedem Text lösen Sie zwei Aufgaben. Wählen Sie bei jeder Aufgabe die richtige Lösung. Lesen Sie jetzt das Beispiel. Dazu haben Sie 15 Sekunden Zeit.

Mann: Na, Julia, was ist deine Meinung zu dem Klassiker gestern Abend?

Frau: Ich war nach deiner Empfehlung ja sehr gespannt darauf, zumal ich mit Leuten unterwegs war, von denen ihn schon jemand gesehen hatte und der trotzdem mitgekommen ist. An der Kinokasse war aber eine Riesenschlange, und als wir dann dran waren, gab es keine Tickets mehr.

Mann: Und du im Stimmungstief, oder?

Frau: Du weißt ja, solche Dinge langweilen mich ziemlich. Aber in dem kleinen Theater um die Ecke gab es noch Karten für eine Krimikomödie, die war wirklich lustig, fanden auch die anderen.

Lesen Sie jetzt die Aufgaben 1 und 2.

Mann: Warum kommst du nicht mit zum Klettern in die Berge?

Frau: Weißt du, ich habe mit dem Klettern aufgehört. Es hat mir in der Halle ja noch Spaß gemacht und ich war dann auch ein paarmal am Berg, aber beim letzten Mal, da habe ich erkannt, dass das doch nicht so die richtige Sache für mich ist. Es war total steil und ich habe richtig Panik bekommen. Nun habe ich entschieden, mit dem Bergwandern weiterzumachen. Da kann ich meine Kondition genauso gut trainieren, aber gleichzeitig entspannen und die Aussicht genießen.

Lesen Sie jetzt die Aufgaben 3 und 4.

Reporter: Und nun zu unserem nächsten Thema in der Reihe „Was tun für eine bessere Umwelt?". In vielen deutschen Großstädten gibt es sie bereits, Geschäfte, die Lebensmittel und Kosmetika verpackungsfrei anbieten. Hilft das der Umwelt denn tatsächlich weiter oder ist das nur eine besonders gelungene Geschäftsidee?

Frau Jonas: Aber natürlich hilft das! Die Kunden können Gläser oder Dosen von zu Hause mitbringen und diese dann im Geschäft füllen lassen. Das ist doch eine wunderbare Idee, um Verpackungsmaterial zu sparen, das später ja entsorgt werden müsste! Jede noch so kleine Möglichkeit, Müll zu vermeiden, führt dazu, dass wir unsere Natur schützen.

Lesen Sie jetzt die Aufgaben 5 und 6.

Jugendlicher: Wie war denn dein Bewerbungsgespräch? Erzähl.

Jugendliche: Na ja, ich war am Anfang doch recht aufgeregt. Dann habe ich aber daran gedacht, wie ich das zu Hause mit Max geübt habe, also die Körperhaltung und so, und dadurch wurde ich ruhiger. Die Fragen, die sie gestellt haben, waren für mich auch alle ganz gut zu beantworten, wir haben das ja geübt, also ich habe kein einziges Mal gepatzt. Mal sehen, was da nun rauskommt. Ich glaube, ich habe wirklich eine Chance auf die Stelle.

Lesen Sie jetzt die Aufgaben 7 und 8.

Die Werbung mit Plakaten gilt heute als nicht mehr ganz zeitgemäß. Dabei weisen Experten immer wieder darauf hin, dass es sich bei einem Plakat gerade um eine äußerst effiziente Werbeform handelt. In einer Zeit, in der sich die Menschen in anderen medialen Kanälen regelrecht verlaufen, wäre es umso wichtiger, auch traditionelle Formen der Werbung zu pflegen. Allerdings sei darauf zu achten, dass sich das Plakat in seiner Machart von anderen Plakaten abhebt. Jedes Werbeplakat, so die Experten, müsse so gestaltet sein, dass es beim Betrachter als etwas ganz Besonderes im Gedächtnis bleibt.

Lesen Sie jetzt die Aufgaben 9 und 10.

Frau 1: Musst du für deine Präsentation am Freitag noch viel vorbereiten?

Frau 2: Na ja, es geht. Für den Hauptteil fehlen mir noch ein paar Informationen.

Frau 1: Worum geht es denn eigentlich?

Frau 2: Ich werde über das Münchner Haus der Kunst referieren.

Frau 1: Oh, das ist aber ein interessantes Thema.

Frau 2: Ja, allerdings kann man sich dabei auch ganz schön verzetteln, besonders wenn es um die Geschichte des Hauses geht. Ich habe schon so viel überlegt und dann doch wieder verworfen. Nun denke ich, einfach drei wichtige Ausstellungsprojekte zu präsentieren, die das Museum in der Vergangenheit durchgeführt hat. Aber wie gesagt, ich muss mich damit noch ein bisschen mehr beschäftigen.

Frau 1: Dann wünsche ich dir viel Erfolg!

Ende Teil 1

Hören Teil 2

Sie hören im Radio ein Interview mit einer Persönlichkeit aus der Wissenschaft. Sie hören den Text zweimal. Wählen Sie bei jeder Aufgabe die richtige Lösung. Lesen Sie jetzt die Aufgaben 11 bis 16. Dazu haben Sie 90 Sekunden Zeit.

Moderatorin: Ich begrüße heute Olaf Hansen, Soziologe aus Hamburg und Lehrbeauftragter an der Universität. Er sagt: „Wir müssen in den Städten mehr Wohnraum für Wohngruppen schaffen. Die Zeiten des Single-Wohnens sind vorüber." Herr Hansen, was verstehen Sie unter einer „Wohngruppe"?

Herr Hansen: Zunächst sollte man definieren, was überhaupt eine Gruppe ist. In der Soziologie versteht man darunter den Zusammenschluss von Menschen, die sich in regelmäßigem Kontakt miteinander befinden, gemeinsame Ziele verfolgen und sich als zusammengehörig empfinden ...

Moderatorin: ... und eine Wohngruppe würde demnach das Ziel verfolgen, gemeinsam zu wohnen.

Herr Hansen: Ja, so ist es.

Moderatorin: Dann ließe sich also auch eine herkömmliche Familie als Wohngruppe bezeichnen.

Herr Hansen: Ja genau. Aber schauen Sie, die Familie ist heute längst nicht mehr die einzige Form, in der Menschen miteinander leben und zusammenwohnen.

Moderatorin: Das mag sein, aber gerade in den Städten geht doch der Trend eher zum Allein-Wohnen.

Herr Hansen: Ja und nein, es lässt sich eben auch ein gegenteiliger Trend beobachten. Junge Leute gründen heute wieder mehr Familien.

Moderatorin: Und dabei gilt nicht mehr, dass es Familien eher an den Stadtrand oder ins Grüne zieht?

Herr Hansen: Nein, nicht unbedingt, denn junge Familien haben heute erkannt, dass die Städte über eine bessere Infrastruktur und zum Teil auch über eine Vielzahl an Angeboten verfügen, die man auf dem Lande so nicht findet. Denken Sie zum Beispiel an die Förderung und den Ausbau von Kitas und Kindergärten, was den Abzug junger Familien aufs Land nachweisbar verhindern kann.

Moderatorin: Welche anderen Wohngruppen als die Familie sind denn noch im Visier der Forschung?

Herr Hansen: Oh, wir erleben heute, dass sich immer mehr Menschen dazu entschließen, auch außerhalb der traditionellen Familie mit anderen zusammenzuleben, sei es mit Freunden und Kollegen oder auch mit Fremden.

Moderatorin: Mit Fremden?

Herr Hansen: Ja, es ist zum Beispiel der Trend zu sehen, sich in gemeinschaftliche Wohnprojekte einzukaufen. Hier bietet der Markt ein schier unüberschaubares Angebot. Zu nennen wären z. B. die vielen Projekte des generationenübergreifenden Wohnens, von denen ja nicht nur die Älteren profitieren. Aber natürlich müssen Menschen, die auf diese Weise zusammenkommen, irgendwie einander zugetan sein. Oft sind es die gemeinsamen Ideale, die das Zusammenwohnen und -leben tragen.

Moderatorin: Und es wäre die Aufgabe der Städte ...

Herr Hansen: ... dafür zu sorgen, dass genügend Raum für solche Projekte vorhanden ist, ja.

Moderatorin: Wie kann das gelingen?

Herr Hansen: Die Städte müssen in diesen Trend investieren und die Rahmenbedingungen dafür schaffen, dass sich kreative Wohnideen auch tatsächlich verwirklichen lassen.

Moderatorin: Herr Hansen, ich danke Ihnen für dieses Gespräch.

Sie hören jetzt den Text noch einmal. (Es folgt die Wiederholung des Textes.)

Ende Teil 2

Hören Teil 3

Sie hören im Radio ein Gespräch mit mehreren Personen. Die Personen sprechen über „Urlaub im Schloss“. Sie hören den Text einmal. Wählen Sie bei jeder Aufgabe: Wer sagt das?

Lesen Sie jetzt die Aufgaben 17 bis 22. Dazu haben Sie 60 Sekunden Zeit.

Moderatorin: Ich freue mich, Sie zu unserer Sendung „Anders als gewohnt“ begrüßen zu dürfen. Unser Thema heute: Urlaub im Schloss.

Urlaub in einem Schloss ist für viele Menschen ein Traum, verheißt er doch Erholung in einem exklusiven Ambiente. Dabei gibt es nicht nur in Deutschland eine große Anzahl von Burgen und Schlössern, die als Hotels genutzt werden.

Nicht wenige Menschen wählen daher diese Form, zumindest für eine kurze Auszeit vom Alltag.

Unsere beiden Gäste haben das vor Kurzem ausprobiert und dabei ganz unterschiedliche Erfahrungen gemacht. Frau Schneider: Wie war das Gefühl bei Ihnen, einmal Schlossdame zu sein?

Therese Schneider: Nein, Schlossdame war ich nicht. Wir waren ja nur zu Gast. Aber wir hatten glücklicherweise Kontakt mit der Besitzerin. Die kam nämlich abends zu einem Glas Wein bei uns vorbei. Dadurch entstand sofort eine persönliche und familiäre Atmosphäre, die wir sehr genossen haben.

Wir waren ja eigentlich auf der Suche nach einer Ferienwohnung in Oberösterreich und haben dabei von diesem Schloss erfahren.

Moderatorin: Danke, wir hören gleich mehr darüber. Als weiteren Gast möchte ich nämlich noch Herrn Stefan Grube begrüßen. Herr Grube, auch Sie haben sich im letzten Jahr für einen Urlaub im Schloss entschieden. Und Sie sagen: „Einmal und nie wieder.“

Stefan Grube: Na ja, ganz so streng möchte ich das dann doch nicht sehen. Aber Urlaub im Schloss heißt nicht unbedingt, dass exklusiver Komfort und die pure Erholung garantiert sind.

Moderatorin: Frau Schneider, wie sind Sie denn konkret zu Ihrer Schlosswohnung gekommen?

Therese Schneider: Über das Internet. Ich habe bei der Suche eher zufällig die Seite des Schlosses aufgemacht und da das Angebot entdeckt. Die Idee mit dem Schloss hat uns auf Anhieb gefallen. Und wir wurden nicht enttäuscht. Der Urlaub war auch für unsere Kinder ein großes Erlebnis.

MODERATORIN:	Was war für Sie besonders an dieser Art von Urlaub, im Vergleich zu einer normalen Ferienwohnung?
THERESE SCHNEIDER:	Nun, vor allem das historische Gebäude selbst und der Ausblick, den man von dort hatte. Und dann war die Wohnung mit 200 Quadratmetern ziemlich groß. Einen besonderen Charme hatte auch die Inneneinrichtung mit ihren alten und großen Möbeln. Dabei fehlte es an nichts, denn die Küche und das Bad waren modern ausgestattet.
MODERATORIN:	War das dann nicht sehr teuer? Ich war vor Jahren einmal auf einer Tagung in einem Schloss, und die Zimmerpreise lagen dort deutlich oberhalb des durchschnittlichen Niveaus. Herr Grube, welche Erfahrungen haben Sie gemacht?
STEFAN GRUBE:	Beim Preis war ich überrascht. Eigentlich war es nicht teurer als in einem normalen Hotel. Aber wir waren auch nicht in der Hauptsaison dort. Die Wohnung und auch die Umgebung waren sehr schön, aber von der in der Werbung beschriebenen Ruhe war wenig zu spüren. Und das hat leider auch das Verhältnis zu den Besitzern etwas belastet.
MODERATORIN:	Dabei vermutet man doch gerade, sich bei einem Urlaub im Schloss so richtig erholen zu können.
STEFAN GRUBE:	Ja, genau. Was wir allerdings nicht wissen konnten: Am Freitag und Samstag fanden im Schlosshof Veranstaltungen statt. Und unser Zimmer lag nun ausgerecht darüber, mit Blick zum Hof. Am ersten Samstag war es sogar eine Hochzeit mit 200 Personen. Da ging es natürlich ziemlich laut zu und bis spät in die Nacht.
MODERATORIN:	Und deswegen haben Sie sich dann bei der Schlossfamilie beschwert.
STEFAN GRUBE:	Ja, wir waren sehr verärgert. Hätte man uns das vorher gesagt, wären wir nicht gekommen. Nun wissen wir, dass man sich auf jeden Fall genau informieren sollte, bevor man einen solchen Urlaub bucht.
MODERATORIN:	Tja, das sollte man wahrscheinlich vor jeder Reisebuchung. Frau Schneider, Herr Grube, ich danke Ihnen für dieses Gespräch.

Ende Teil 3

Hören Teil 4

Sie hören einen kurzen Vortrag. Der Redner spricht über das Thema „Risiken und Chancen des Online-Einkaufs". Sie hören den Text zweimal. Wählen Sie bei jeder Aufgabe die richtige Lösung.

Lesen Sie jetzt die Aufgaben 23 bis 30. Dazu haben Sie 90 Sekunden Zeit.

Liebe Zuhörerinnen und Zuhörer, ich begrüße Sie herzlich zu meinem Vortrag „Risiken und Chancen des Online-Einkaufs". Mein Name ist Thomas Würzer und ich bin als Medienwissenschaftler an der Universität Köln tätig.
Die meisten von uns kennen das: Man müsste dringend etwas Wichtiges einkaufen: für die Wohnung, den Garten oder sonst etwas. Man hat aber keine Zeit dazu. Was liegt da näher, als einen Blick ins Internet zu werfen und sich über die Suchfunktion die ganze Palette an möglichen Angeboten zeigen zu lassen. Bestellt ist dann schnell, und nicht selten wird nach zwei bis drei Tagen ein Paket mit dem gewünschten Gegenstand direkt an die Haustür geliefert.
Und so, das wissen wir alle, boomt das Einkaufen im Internet. Denn wir müssen nur ein paar wenige Klicks ausführen und schon ist die Ware auf dem Weg zu uns nach Haus. Was so verlockend wirkt, hat allerdings auch ein paar Kehrseiten, und über diese möchte ich mit Ihnen nun sprechen. Da wäre nämlich zuallererst die fehlende Beratung. Sie haben das sicherlich schon mal erlebt, dass Sie nach einem Kauf zugeben mussten, dass es besser gewesen wäre, sich vorher eingehender zu informieren.

Dass man bei Interneteinkäufen generell Zeit spart, halte ich für einen Irrtum. Denn wir vergessen oft, die Zeit mit einzurechnen, die wir benötigten, um uns selbstständig zu informieren. Hinzu kommt, dass die Ware, sollte sie uns nicht gefallen oder passen, zurückgeschickt werden muss, was nicht immer problemlos über die Bühne geht.

Deshalb ist es ratsam, sich im Vorfeld sehr genau darüber Gedanken zu machen, was man tatsächlich will. Man sollte sich nicht nur klar machen, was genau man möchte, sondern auch, welche Informationen man dazu braucht und wie man an diese kommt. Finde ich sie über das Internet? Frage ich Freunde oder Bekannte oder hilft nur ein Besuch im Fachhandel? Und schließlich: Kann ich den gekauften Artikel problemlos zurückschicken, wenn er meinen Vorstellungen nicht entspricht? Bedenken sollte man auch, dass Versandhändler mit einem gewissen Prozentsatz an Rücksendungen rechnen und die Kosten dafür in den Preis einrechnen. Ein über das Internet bestelltes Produkt kann unter Umständen teurer sein als beim Fachhändler um die Ecke.

Besondere Vorsicht ist bei vermeintlichen Schnäppchen geboten, wenn der Preis deutlich von dem durchschnittlichen Verkaufspreis abweicht. Ein neuer Mantel im Wert von 400 Euro wird kaum für hundert Euro oder weniger zu kriegen sein. Hier handelt es sich oft um unseriöse Anbieter, bei denen man am Ende eine andere, billigere oder im schlimmsten Fall gar keine Ware erhält.

Abschließend möchte ich sagen, dass wir als Kunde eine spezifische „Online-Einkaufskompetenz" brauchen, die wir erlernen müssen, so wie wir das Einkaufen auch in der „analogen" Welt der Einkaufsstraßen gelernt haben. Grundsätzlich gilt für beide Bereiche, dass nur derjenige, der gut geplant an seine Einkäufe herangeht, tatsächlich profitiert und in beiden Bereichen tatsächlich gute Kaufentscheidungen trifft. Dabei gilt als oberstes Prinzip: Nimm dir ausreichend Zeit!

Ich danke Ihnen für Ihre Aufmerksamkeit.

Sie hören jetzt den Text noch einmal. (Es folgt die Wiederholung des Textes.)

Ende Teil 4

Schreiben Sie jetzt Ihre Lösungen auf den Antwortbogen. Dazu haben Sie fünf Minuten Zeit.

Ende des Moduls Hören

Vollständiger Text zu Seite 19, Aufgabe B

Mietvertrag

§ 2 Mietzeit

Das Mietverhältnis beginnt am 01. 09. 2019. Es läuft auf unbestimmte Zeit.
Die Vertragspartner streben ein längerfristiges Mietverhältnis an. Das Recht zur ordentlichen Kündigung des Vermieters (wegen Eigenbedarf, als Einliegerwohnung, Teilkündigung und Verwertungskündigung §§ 573 und ff des BGB) ist daher ausgeschlossen.

Die Kündigungsvoraussetzungen richten sich im Übrigen nach den gesetzlichen Vorschriften und den vertraglichen Absprachen.

§ 3 Miete

Die Miete beträgt 550,00 Euro monatlich.
Die Vertragsparteien vereinbaren, dass die Miete für den Zeitraum von 3 Jahren nicht erhöht wird. Mieterhöhungen und alle anderen Erklärungen, die Vertragsveränderungen betreffen, muss der Vermieter schriftlich abgeben. Soweit gesetzlich zulässig, reicht die Abgabe der Erklärung in Schriftform aus.